AF218022

Resistir

Resistir

Salomé Saqué

Traducción de Pablo Hermida Lazcano

Plataforma
Editorial

Titulo original: *Résister,* originalmente publicado en francés
por Payot en 2024, en Francia

Primera edición en esta colección: septiembre de 2025

© Editions Payot & Rivages, Paris, 2024
© de la traducción, Pablo Hermida Lazcano, 2025
© de la presente edición: Plataforma Editorial, 2025

Todos los derechos reservados, incluidos los derechos
de reproducción total o parcial en cualquier formato.

Plataforma Editorial
c/ Muntaner, 269, entlo. 1.ª – 08021 Barcelona
Tel.: (+34) 93 494 79 99
www.plataformaeditorial.com
info@plataformaeditorial.com

Depósito legal: B 14889-2025
ISBN: 979-13-87813-11-6
IBIC: JP

Printed in Spain – Impreso en España

Diseño de cubierta:
Antonio F. López

Adaptación de cubierta y composición:
Grafime, S.L.

El papel que se ha utilizado para imprimir este libro proviene
de explotaciones forestales controladas, donde se respetan
los valores ecológicos y sociales, y el desarrollo sostenible del bosque.

Impresión:
Sagrafic

Reservados todos los derechos. Quedan rigurosamente prohibidas,
sin la autorización escrita de los titulares del *copyright*, bajo las sanciones establecidas
en las leyes, la reproducción total o parcial de esta obra por cualquier medio o procedimiento,
comprendidos la reprografía y el tratamiento informático, y la distribución de ejemplares
de ella mediante alquiler o préstamo públicos. Si necesita fotocopiar o reproducir
algún fragmento de esta obra, diríjase al editor o a CEDRO (www.cedro.org).

Índice

Introducción

Un tiro en la nuca.

Eso es lo que preconiza el sitio web de extrema derecha *Réseau libre*[1] para deshacerse de los «metomentodos»: periodistas, abogados y sindicalistas metódicamente identificados en una lista negra ampliamente difundida de personas a las que hay que eliminar. No me sorprendí de figurar en ella: esta amenaza pública venía a sumarse a otras más específicas. Se interpuso una demanda colectiva, pero la información no suscitó una particular atención mediática ni política. Y con razón: desde hace algunos años se multiplican las amenazas de muerte y las llamadas a matar a miembros de la sociedad civil procedentes de páginas webs de extrema derecha.

En Francia, como en otros lugares, los especialistas de esta tendencia se han acostumbrado poco a poco a estas técnicas mafiosas de intimidación, a imagen de Edwy Plenel, el fundador de *Mediapart*,[2] Pierre Plottu,[3] periodista de investigación para *Libération*, o Djaffer Ait Aoudia, gravemente amenazado en el contexto de una de sus investigaciones sobre un candidato de la Agrupación Nacional (Rassemblement national, RN).[4] Lo mismo en el caso de la periodista Nassira El Moaddem, presentadora de *Arrêt sur images*, inundada de insultos racistas y de amenazas, hasta en su domicilio, en la primavera de 2024. La misma suerte para los periodistas Karim Rissouli, presentador de *C ce soir* y de *En Société* en France 5, y Mohamed Bouhafsi, cronista de *C à vous* en France 5 y copresentador de *20 h 22* en France 2, ambos víctimas de oleadas de insultos racistas y de amenazas de muerte durante la campaña de las últimas elecciones legislativas. No es de extrañar, pues, que Mathieu Molard, redactor en jefe del sitio de información *StreetPress*, haya optado por consagrar una parte significativa del presupuesto de ese medio independiente que investiga sobre la extrema derecha a medidas de seguridad, a raíz de las amenazas recibidas por el conjunto de su redacción. Una vez más, ninguna indignación mediática ni política a pesar del peligro democrático que representan estos obstáculos a la libertad de información.

Tampoco los abogados están a salvo: Mireille Damiano,[5] Lucie Simon,[6] Arié Alimi o incluso David Metaxas[7] denuncian desde hace años las amenazas de muerte que reciben por parte de la extrema derecha. Lo mismo sucede con los militantes, menos mediatizados pero igualmente amenazados e incluso agredidos, como en el caso de los miembros de SOS Racisme,[8] y de ciertos activistas y representantes electos más en general.[9]

Si las personalidades en el punto de mira de los islamistas radicales reciben con razón el apoyo colectivo y a menudo son puestas bajo protección policial —como la periodista Ophélie Meunier en 2022, por ejemplo—, la sociedad civil y las instituciones parecen mucho menos reactivas cuando el peligro procede de la extrema derecha. Y ello a pesar de un inquietante ascenso desde hace varios años, hasta el punto de haberse convertido en el segundo riesgo terrorista en territorio europeo según Europol.[10]

Así pues, la amenaza está ahí, tristemente banal, común, de manera que nosotros, los periodistas que nos ocupamos de este tema, la hemos integrado en nuestra vida cotidiana. Llevo casi diez años trabajando en los medios de comunicación: es poco tiempo y, sin embargo, todo ha cambiado en una década. Hablar de desigualdades sociales o de urgencia climática se percibe de un tiempo a esta parte como un acto militante, cubrir una simple manifestación equivale hoy en día a correr un riesgo —físico y jurídico—, y difundir tu trabajo te puede exponer a serias amenazas. En contraste, aplaudir el alza de la bolsa, hablar de «wokismo» o de «crisis migratoria en Francia», es *neutral.* Si en dos años se ha disparado el número de votos de la extrema derecha, la victoria más aplastante no se está logrando en las urnas, sino en los espíritus.

Desgastados por el miedo, la intolerancia y el odio, los pilares de la República francesa —*Libertad, Igualdad, Fraternidad*— se erosionan y pueden hacerse añicos a raíz de una crisis económica, política o informativa. Pero Francia no es el único país víctima de este declive democrático. En Estados Unidos, Brasil, Hungría, Polonia, Rumanía, Argentina, Alemania, España e incluso Grecia: casi en todas partes, la extrema derecha está experimentando un ascenso meteórico. Cada vez, un segmento de la sociedad despierta abruptamente después de unas elecciones, atónito al ver que la otra mitad del país votó por ideas odiosas. Y esta ola reaccionaria global no es casual. Es el resultado de un esfuerzo prolongado, insidioso, pero tremendamente efectivo, de individuos, partidos e incluso medios de comunicación para, poco a poco, hacer que esas ideas triunfen en la opinión pública.

En una veintena de años hemos pasado de «lo impensable» a «lo ineluctable», deslizándonos de «lo inadmisible» a «lo tolerable».

La amenaza que la extrema derecha representa para la democracia[11] y los valores humanistas es, sin embargo, muy real. Ha llegado el momento de tomar conciencia colectiva y urgente para poder actuar. Y es que todavía estamos a tiempo de resistir a esta apisonadora. Aún estamos a tiempo de poner en marcha una auténtica resistencia cívica. Porque la defensa de los valores humanistas no debería ser una extravagancia ni el patrimonio exclusivo de un puñado de activistas criminalizados: podría ser la norma, como lo fue durante años. Porque las horas más sombrías de nuestra historia deberían habernos enseñado que no podemos prescindir de los valores de tolerancia y de respeto que constituyen los cimientos de nuestra democracia.

Jamás me pronunciaría en estos términos contra otra corriente política. Si escribo estas líneas es porque la extrema derecha no es una formación como las demás, porque no se regresa indemne de un régimen semejante, porque su llegada al poder constituye un verdadero punto de inflexión. A todos los efectos, aclaro que no escribo en apoyo de ningún partido político. Me baso en elementos históricos, sociales y geopolíticos para poner de manifiesto las derivas a las que hoy nos enfrentamos: si este análisis se centra en el peligro que representa la extrema derecha, no exime en modo alguno a todas las demás corrientes y partidos de hacer una severa autocrítica ni de identificar sus responsabilidades en la derrota intelectual y moral a la que hoy asistimos.

Deseo simplemente hacer mi trabajo de periodista. Documentar la historia, el programa y la acción de la extrema derecha que, a pesar de sus afirmaciones, no es solo una corriente política como las demás. Explicar cómo libra una batalla cultural temible y por qué las ideas que infunde en la esfera pública son incompatibles con los valores republicanos. Demostrar por qué, si no desarrollamos con rapidez una forma de resistencia colectiva, nos arriesgamos no ya a que salgan elegidos los partidos de extrema derecha, sino directamente a sobrepasar un punto de inflexión hacia un régimen que ponga en peligro nuestras libertades individuales. Y dado que mis investigaciones también tienen como fin proponer modos de acción a todos aquellos que se sienten desamparados e impotentes en la situación actual, esbozo gestos y reflejos que, a mayor o menor escala, puedan participar en la refundación de la convivencia y en la protección de la democracia.

Tengo la audacia de creer que esto no es idealismo, que los lemas franceses de «libertad», «igualdad» y «fraternidad» no son palabras vacías de sentido sobre las fachadas de nuestros ayuntamientos, y que Francia es un país en el que se defiende la democracia y la información, no un país donde se pega un tiro en la nuca a los periodistas.

El peligro que viene

¿Qué es la extrema derecha?

Así comienza el fascismo. Nunca dice su nombre, se arrastra, flota; cuando enseña la punta de la nariz, decimos: «¿Es él? ¿Qué creéis? ¡No hay que exagerar!». Y después, un día, nos da en la cara y es demasiado tarde para expulsarlo.

FRANÇOISE GIROUD[12]

Antes que nada, hemos de recordar lo que es la extrema derecha. Las definiciones varían, pero he aquí los criterios que yo propongo para definirla basándome en los trabajos de varios investigadores especialistas en el tema: la extrema derecha se apoya en un nacionalismo exacerbado, asociado a una tendencia autoritaria que desafía los principios democráticos.[13] Utiliza una retórica populista, teñida a menudo de teorías del complot,[14] para oponer «el pueblo» a «las élites» rechazando la inmigración y la diversidad cultural. Este movimiento preconiza asimismo un retorno a los valores tradicionales.[15]

Un colectivo de historiadores especialistas en las extremas derechas propone esta definición más precisa:

Las extremas derechas vehiculan una concepción organicista de la comunidad que desean constituir (ya sea basada en la etnia, ya en la nacionalidad o en la raza) o que
afirman querer reconstruir. Ese organicismo implica el
rechazo de todo universalismo en beneficio de la «auto-
filia» (la valorización del «nosotros») y de la «alterofobia»
(el miedo del «otro», asignado a una identidad esencia-
lizada mediante un juego de permutaciones entre lo ét-
nico y lo cultural, generalmente lo cultal). Los extremistas de derechas absolutizan así las diferencias (entre
naciones, razas, individuos, culturas). Tienden a poner
las desigualdades en el mismo plano que las diferencias,
lo cual crea en ellos un clima de ansiedad, porque estas
perturban su voluntad de organizar de manera homogé-
nea su comunidad. Cultivan la utopía de una «sociedad
cerrada», apta para garantizar el renacimiento comuni-
tario. Las extremas derechas recusan el sistema político
en vigor, en sus instituciones y en sus valores (liberalis-
mo político y humanismo igualitario). La sociedad se les
antoja en decadencia y el Estado agrava este hecho: se
invisten en consecuencia de una misión percibida como
salvadora. Se erigen en contra-sociedad y se presentan
como élite de repuesto. Su funcionamiento interno no
se basa en reglas democráticas, sino en la emergencia de
«verdaderas élites». Su imaginario remite la Historia y la
sociedad a grandes figuras arquetípicas (edad de oro, sal-
vador, decadencia, complot, etc.) y exalta valores irracio-
nales no materialistas (la juventud, el culto a los muertos,
etc.). Por último, rechazan el orden geopolítico actual.[16]

En este libro me centraré en la extrema derecha francesa, manteniendo una perspectiva internacional y utilizando varios ejemplos de países donde, la mayor parte del tiempo, la extrema derecha ya gobierna.

En Francia existen varias corrientes que van desde la Agrupación Nacional, pasando por el partido Reconquista, hasta los grupúsculos más violentos. En este libro hago referencia a todos estos movimientos de extrema derecha, si bien presto una atención más especial a la Agrupación Nacional, el partido francés que se halla a las puertas del poder y que conozco mejor. Si esta última rechaza el estandarte «extrema» (como prácticamente todos los partidos de extrema derecha de la Historia),[17] recordemos que el Consejo de Estado dictaminó sobre el asunto en marzo de 2024 afirmando que la Agrupación Nacional pertenecía con claridad a la extrema derecha.[18] Hay que precisar aquí que no es el juez administrativo quien decide arbitrariamente qué partido es o no de extrema derecha. Este se limita a extraer las consecuencias de la historia del partido en cuestión y de lo que este defiende para hacer constar su pertenencia a la extrema derecha.[19] En este caso, el cambio de nombre del Frente Nacional en 2018 no habrá bastado para que evolucionen la política y los proyectos de sus miembros.

Veamos, pues, algunos hechos contrastados, con sus correspondientes fuentes, sobre la historia y el

ADN de este partido que podría llegar al poder en los años venideros.

Una historia controvertida y jamás desautorizada

A todas luces, el siguiente dato es preciso recordarlo: la Agrupación Nacional es un legado político del petainismo, que toma su nombre del mariscal Philippe Pétain, quien encabezó el régimen autoritario de Vichy durante la Ocupación entre 1940 y 1944, impulsado por la divisa «Trabajo, Familia, Patria».

El Frente Nacional (o FN, antiguo nombre de la RN) fue fundado en 1972 por Jean-Marie Le Pen y algunas otras figuras que habían desempeñado funciones en el seno mismo del régimen de Vichy y en los entornos colaboracionistas de la Segunda Guerra Mundial. Entre ellos cabe mencionar en particular a Léon Gaultier, un antiguo Waffen SS,[20] miembro de la división Carlomagno (una unidad integrada por voluntarios franceses partidarios de la Alemania nazi), y a François Brigneau, antiguo miliciano[21] petainista, sin olvidar a Pierre Bousquet, antiguo miembro asimismo de la Waffen-SS y después de una red clandestina de antiguos nazis tras la guerra. En su creación, el FN es una alianza heterogénea entre grupúsculos de extrema derecha neofascistas, colaboracionistas y, más en general, nostálgicos de una Francia colonialista que rechaza las transformaciones culturales de finales de los años sesenta del pasado siglo. En resumidas cuentas, una especie de asociación de antiguos nazis.[22]

¿Historia antigua, me dirán? Realmente no, porque la RN nunca ha roto del todo con ese pasado. En 2012, Marine Le Pen participa en un baile neonazi[23] coorganizado por una corporación prohibida a los judíos y a las mujeres. En 2017 rehúsa reconocer la responsabilidad de Francia en la redada de Vél d'Hiv.[24] Y más recientemente todavía, en 2023, la presidenta de la RN[25] y su brazo derecho, Jordan Bardella,[26] niegan en repetidas ocasiones el antisemitismo comprobado del FN y de su fundador, Jean-Marie Le Pen, quien había calificado sin embargo las cámaras de gas de «un detalle de la historia de la Segunda Guerra Mundial», una declaración abiertamente negacionista a la que convendría añadir sus tristemente célebres «chistes» antisemitas por los que fue condenado con regularidad por la justicia.[27] La Agrupación Nacional es, pues, un partido históricamente antisemita, que jamás ha renegado por completo de su legado, puesto que se niega todavía a condenar públicamente a sus figuras fundadoras. A este siniestro patrimonio se añade una larga lista de posiciones antiprogresistas y antidemocráticas.

Racismo y nacionalismo a todos los niveles

Como lo subrayaba el Sindicato de Abogados de Francia en el contexto de las elecciones legislativas de 2024, el extranjero nunca ha sido considerado más que una cifra en la retórica de la extrema derecha, lo cual contribuye a «un proceso de deshumanización que es tan solo una de las facetas del fascismo».[28] El partido siempre se ha opuesto a la integración de los inmigrantes, a quienes considera no asimilados. En este sentido, su programa en materia de derechos de los extranjeros es claro: poner en tela de juicio la estabilidad del derecho de residencia, facilitar las expulsiones, restringir el acceso a la reagrupación familiar y a la nacionalidad francesa, obstaculizar el derecho a las prestaciones familiares y a la asistencia médica del Estado. La ideología impulsada por la Agrupación Nacional opera una distinción entre los ciudadanos en función de su origen, perfilando de manera indirecta una identidad nacional étnica y cultural. El concepto de «preferencia nacional» (convertido a raíz de la última campaña en «prioridad nacional») encarna esta voluntad de privilegiar a los ciudadanos franceses «de pura cepa» en detrimento de los ciudadanos que se han nacionalizado o con ascendientes inmigrantes, principalmente prohibiendo a los ciudadanos con doble nacionalidad el acceso a puestos estratégicos en la función pública.[29] Más brutal todavía, el reciente cuestionamiento del *ius soli* o derecho de suelo,[30] instaurado desde 1515, marca una ruptura sin precedentes con los fundamentos de la República Francesa; ni el propio régimen de Vichy se había permitido poner en tela de juicio este principio.

En definitiva, si la extrema derecha no es la única corriente política que cuenta entre sus filas con personalidades que han hecho declaraciones racistas, bate sin duda récords en este ámbito. Durante la campaña para las elecciones legislativas de junio y julio de 2024, *Mediapart* determinó que al menos 106 de sus candidatos[31] habían hecho declaraciones racistas, antisemitas, conspiranoicas o de odio en el pasado, 26 de los cuales fueron elegidos. Entre ellos Christophe Bentz, quien considera que «distinguir las razas es un trabajo de sentido común», que califica asimismo de «trabajo científico».[32] Salvo muy escasas excepciones, estos candidatos jamás han dejado de estar apoyados por el partido, a pesar de los escándalos derivados de sus declaraciones de odio y sin complejos.

Una amenaza para los derechos de las mujeres y de las personas LGBTQIA+

Numerosas propuestas de la RN se consideran inconstitucionales porque entran en contradicción con el principio de igualdad[33] o incluso con el principio de solidaridad nacional en favor de las personas desfavorecidas.[34] La extrema derecha siempre ha sido retrógrada en materia de los derechos de las mujeres y de las minorías.

Si Jordan Bardella publicó un vídeo[35] en junio de 2024 en el que se jactaba de «garantizar de manera indefectible» los derechos y las libertades de «todas las mujeres de Francia», numerosos representantes electos de la Agrupación Nacional se siguen oponiendo ferozmente al aborto: una curiosa concepción de la lucha feminista. Los diputados de la RN Hervé de Lépinau y (de nuevo) Christophe Bentz, por ejemplo, han comparado el aborto con un genocidio, incluso con el Holocausto.[36] Por su parte, Laure Lavalette firmó en 2014 un compromiso de «derogar, a la larga, la ley del aborto». Y todos ellos resultaron reelegidos en 2024. Estas posiciones apenas sorprenden cuando recordamos que Marine Le Pen denunciaba todavía en 2012 los «abortos por comodidad».[37] Tanto en la Asamblea Nacional como en el Parlamento Europeo, el partido se muestra refractario a la mayoría de los avances sociales:[38] la lucha contra el acoso sexual, contra las violencias sexistas y sexuales, o incluso el acceso de las mujeres a responsabilidades en la función pública.

Otro atentado contra el principio de igualdad es el trato reservado a los miembros de la comunidad LGBTQIA+. El FN mantuvo durante mucho tiempo una posición claramente homófoba a través de su fundador Jean-Marie Le Pen[39] y, como era de esperar, se posicionó contra el matrimonio igualitario hasta 2017, antes de flexibilizar su programa en vista de la creciente aceptación social de las parejas del mismo sexo.[40] A nivel europeo, el partido se niega a votar a favor de la práctica totalidad de los textos destinados a proteger a las personas LGBTQIA+.[41] En paralelo, las personas transgénero parecen pagar el precio de este deslizamiento, toda vez que se multiplican los discursos de odio y los ataques físicos contra ellas.[42] Como un síntoma de la rigidez del partido sobre estas cuestiones, la RN creó en 2023 una asociación parlamentaria para «contrarrestar el veneno wokista», la «propaganda LGBT» en la escuela o incluso la «amenaza transgénero» en el deporte femenino.[43] Una prioridad política, sin lugar a dudas.

La prensa bajo presión

La hostilidad asumida de la extrema derecha hacia una parte de la prensa y de ciertos periodistas no necesita demostración. Si la libertad de información ya está menoscabada en muchos sentidos, ningún partido político violenta a los periodistas como lo ha hecho el partido de Marine Le Pen. El reportero político Paul Larrouturou fue víctima de ello en 2017.[44] Antes de él, unos periodistas de Canal+ habían sido maltratados por Bruno Gollnisch, un eurodiputado del FN, durante un desfile del FN en 2015.[45] Por otra parte, la RN fue durante mucho tiempo el único partido que seleccionaba a los periodistas autorizados para cubrir sus conferencias de prensa y sus mítines, antes de que se generalizase ese comportamiento antaño considerado atentatorio contra la libertad de prensa.

Como era de esperar, la RN ha anunciado, en caso de llegar al poder, la privatización rápida del servicio público del sector audiovisual, cuya principal misión es asegurar la difusión de una información independiente, pero también apoyar el periodismo de investigación. En definitiva, los periodistas se hallan más amenazados que nunca por ciertos militantes de extrema derecha, tal como lo denunció en junio de 2024 Pavol Szalai, el responsable para Europa de Reporteros Sin Fronteras, a propósito de las listas de periodistas que hay que eliminar mencionadas en la Introducción:[46]

Antes, este tipo de listas circulaban por las redes sociales un tanto bajo cuerda y nadie las reivindicaba. [...] Llevo cuatro años realizando este trabajo en RSF y jamás había visto a unos militantes emplear métodos tan frontales. Se nota perfectamente que está operando una sensación de poder en la extrema derecha desde los avances electorales de la Agrupación Nacional.

Si en Francia todavía se trata únicamente de amenazas
—el Frente Nacional siempre fue un partido político
de oposición—, este alentador programa se ha aplica-
do al menos en parte en los diferentes países europeos
que descienden la pendiente resbaladiza del autoritarismo.

La extrema derecha ya ha demostrado su potencialidad en Europa

Durante la campaña de las elecciones legislativas de
2024, la RN se esmeró en evitar exhibir cualquier
proximidad con regímenes autoritarios, pero le basta-
ron menos de veinticuatro horas tras la segunda vuelta para sellar su alianza en el Parlamento Europeo con
el partido autoritario húngaro de Viktor Orbán.[47]
Este acercamiento se inscribe en el marco de las cola-
boraciones de larga data de la RN con partidos impre-
sentables, conforme al sueño de Marine Le Pen de
crear una gran coalición de las extremas derechas europeas.[48] Su proximidad con la Italia de Giorgia Meloni, la Hungría de Viktor Orbán y la Polonia de Mateusz Morawiecki[49] es reveladora de sus intenciones.

En los tres países en cuestión, la llegada de la extrema derecha ha conllevado casi inmediatamente un
debilitamiento de los contrapoderes institucionales,
sobre todo mediante ataques en regla contra la justi-

cia[50] y la independencia de la prensa.[51] Estos tres países han arremetido con contundencia contra los derechos y las libertades individuales, a través de las políticas antimigratorias, antifeministas y anti-LGBTQIA+. Tomemos el ejemplo del retroceso del derecho al aborto. Italia autoriza en la actualidad la entrada en las clínicas de los grupos antiabortistas para disuadir del recurso a esta práctica.[52] Hungría obliga a las mujeres a escuchar los latidos del corazón del feto antes de cualquier intervención médica.[53] Por su parte, Polonia no se ha preocupado demasiado del derecho de la mujer a disponer de su cuerpo y ha prohibido lisa y llanamente la interrupción voluntaria del embarazo.[54] En cuanto a las personas LGBTQIA+, el primer ministro húngaro las considera en la actualidad «enemigos internos» y les prohíbe adoptar o inscribir un cambio de sexo en el estado civil y hasta el simple hecho de sacar a relucir el tema en el espacio público o escolar.[55] En una lógica similar, Polonia ha impedido el acceso a un tercio de su territorio a las personas LGBTQIA+ declarando ciertos espacios «zonas anti-LGBT».[56] Se ha constatado asimismo en Italia el retroceso de los derechos de las familias homoparentales.[57] Una somera visión de los estragos que pueden causar estos gobiernos, y que Marine Le Pen apoya desde hace años.

Con el fin de desentrañar la realidad de las convicciones que subyacen al barniz civilizado de la RN, el diario *Le Monde* analizó sus votos en el Parlamento Europeo durante un período de cinco años.[58] El resultado es escalofriante: un respaldo recurrente a regímenes autoritarios (Rusia, Bielorrusia, Egipto, Hungría, Polonia, China, Emiratos…), un silencio ensordecedor ante la pena de muerte y el maltrato infligido contra los opositores políticos y una indiferencia manifiesta ante las violaciones de las libertades fundamentales.[59] Los centenares de decisiones de los eurodiputados de la RN en Bruselas y en Estrasburgo dibujan una visión política mucho más asumida —y por ende extremista— que en la Asamblea Nacional, donde tales posturas no dejarían de provocar una indignación general.

Las dictaduras surgen de las democracias[60]

Para quienes se sientan tentados a considerar que nuestro país está «vacunado» del riesgo autoritario como consecuencia del precedente de la Segunda Guerra Mundial, este ejemplo nos muestra por el contrario que jamás estamos a salvo de un cambio progresivo y regular (siguiendo el procedimiento legal) hacia un régimen totalitario. Durante un coloquio organizado por los sindicatos de abogados, de la magistratura y de los periodistas, Évelyne Sire-Marin, presidenta de la Cámara honoraria y miembro de la Liga de los Derechos del Hombre, observaba:

El nombramiento de Hitler como canciller en 1933, y después los textos votados por el Reichstag, se adaptaron muy bien a las disposiciones del Estado de derecho alemán dimanadas de la República de Weimar, [al igual que] la violencia política de los nazis fue acompañada paso a paso de la legalidad constitucional alemana.[61]

Aquellos que dicen que de todas formas la extrema derecha no podría llegar tan lejos en Francia porque estamos protegidos por nuestro sistema legislativo parecen olvidar que la Constitución,[62] que hoy protege nuestros derechos y nuestras libertades, desgraciadamente siempre es susceptible de ser interpretada, sorteada o pervertida. Y es que, si la extrema derecha llegara a acceder al poder, podría perfectamente decidir gobernar por la vía reglamentaria[63] promulgando decretos leyes, usurpando así el poder legislativo del Parlamento, recurriendo de forma sistemática a la moción de censura provocada[64] o haciendo uso de las leyes excepcionales del estado de emergencia durante una duración ilimitada.[65] Le sería igualmente posible entorpecer la labor legislativa de la Asamblea mediante la utilización reiterada de su poder de disolución,[66] o demorando la promulgación de leyes al exigir de manera sistemática con antelación un control de constitucionalidad.[67] Procediendo de ese modo, el ejecutivo podría librarse del contrapoder que constituye el Parlamento y abrir así la vía a una deriva potencial.

Por otra parte, la Agrupación Nacional pretende debilitar el otro contrapoder de nuestro régimen democrático, a saber: el poder judicial. Pierre Gentillet, abogado de profesión y candidato a las elecciones legislativas anticipadas de 2024 bajo el estandarte de la RN, mencionaba en junio de 2024 en el plató de televisión Libertés[68] la posibilidad de «meter en cintura» al Consejo Constitucional o bien modificando su composición o bien suprimiéndolo. El mismo trato para el resto de la magistratura, cuyas condiciones de contratación pretende modificar la RN.[69]

En la primavera de 2025, el partido ofrece un ejemplo elocuente de su hostilidad hacia la justicia. Marine Le Pen, la RN y veintitrés acusados, incluidos ocho eurodiputados, son condenados por malversación de fondos públicos. La presidenta del tribunal lo califica de «sistema organizado» de desviaciones de fondos públicos, por un importe de… 2,9 millones de euros. Se presentó el expediente, la investigación judicial fue larga y hubo seis semanas de audiencias. Se dicta sentencia: entre las penas de cárcel condicionales o las multas, penas de inhabilitación, según lo previsto en el derecho francés. En particular, Marine Le Pen es condenada a cinco años de inhabilitación, lo cual vuelve imposible su candidatura a las próximas elecciones presidenciales, salvo en caso de victoria en el recurso de apelación. A todos los efectos, es preciso recordar que la justicia francesa no puede condenar sin pruebas, que se trata de uno de los casos más importantes de malversación de fondos de estos últimos años (las 152 páginas de la sentencia son consultables públicamente) y, por último, que la pena impuesta está lejos del máximo contemplado: diez años de prisión y diez años de inhabilitación.

Antes incluso de que se celebrase el juicio, la Agrupación Nacional, que sabía que el expediente era voluminoso, había lanzado una campaña de desacreditación de la justicia y había hecho circular una petición para «salvar la democracia» cuestionando la institución judicial. Cuando se dictó sentencia, la RN y casi toda la extrema derecha francesa denunciaron de común acuerdo una «democracia ejecutada», e incluso llegaron a hablar de «golpe de Estado», de «tiranía de los jueces» o de «jueces rojos». Y alegaron que la decisión era contraria a la voluntad «del pueblo», cuando fueron precisamente los representantes del pueblo quienes votaron a favor de la inhabilitación de los cargos electos en caso de sentencia condenatoria. Lo que sucede en los tribunales es por esencia democrático, en el sentido de que respeta las instituciones y la separación de poderes. Lo que no es democrático es lo que la extrema derecha denomina «el pueblo», que se ha de unir contra... la justicia, una institución democrática. Al hacerlo, la extrema derecha llama a luchar contra las propias instituciones democráticas; la justicia deja de ser «aceptable» a partir del momento en que los miembros de la extrema derecha pueden ser condenados por ella.

En su cruzada contra la justicia, en directo en TF1, Marine Le Pen pone en entredicho la responsabilidad personal de la presidenta del tribunal. Se difunde por Internet la foto de la magistrada, lo que provoca una lluvia de injurias y de amenazas contra ella, puesta bajo protección policial con carácter de urgencia. Resulta fácil imaginar la presión y la inseguridad personal que recaen desde entonces sobre los jueces que van a emitir la resolución sobre la apelación. Y es que esos métodos son sibilinos y han dejado claro el mensaje. Condenar a Marine Le Pen conlleva exponerse a una violencia política inaudita y, potencialmente, necesitar protección policial. Calibrando la peligrosidad de este episodio para la democracia, la profesión en su conjunto da entonces la voz de alarma. De manera excepcional, el Consejo Superior de la Magistratura (CSM) expresa su «inquietud» en un comunicado oficial: «las amenazas dirigidas personalmente contra los magistrados que instruyen la causa, así como las intervenciones de responsables políticos sobre el fundamento de las actuaciones judiciales o de la condena (…) no se pueden aceptar en una sociedad democrática».

Pero esto no calma a la RN, que evidentemente no amenaza de muerte a los magistrados, pero continúa enardeciendo a las masas presentándose como las víctimas de una persecución política. Llegan incluso a organizar una manifestación el 6 de abril en París, con el respaldo de todas las extremas derechas, visiblemente dispuestas a señalar con el dedo a la institución judicial. Tal como subraya el diario *Le Monde*, la justicia francesa está en el punto de mira de las extremas derechas, mucho más allá de la RN, y de manera cada vez más intensa:

> Protegido durante mucho tiempo por su estatus de autoridad, el cuerpo de la magistratura recibe cada vez más ataques en la actualidad. Esto ya había comenzado en noviembre de 2024, con motivo de los requerimientos durante el juicio sobre los asistentes parlamentarios del Frente Nacional en el Parlamento Europeo. Luego, el 10 de febrero, en el tribunal administrativo de Melun, la presidenta y varios magistrados recibieron amenazas de muerte a raíz de la anulación de la obligación de abandonar el territorio francés (OQTF, por sus siglas en francés) al influencer argelino Boualem Naman.[70]

Un mes antes, la revista de extrema derecha *Frontières* difundía una lista de abogados especializados en derechos de los extranjeros, designados como «culpables» de «la invasión migratoria», lo que provocó una ola de amenazas de muerte y de injurias contra esas personas. Ante la magnitud de las amenazas, el Consejo Nacional de Colegios de Abogados había recurrido entonces al ministerio público.

Recordemos que, una vez en el poder, la Agrupación Nacional puede dirigir asimismo las Fuerzas Armadas y utilizarlas con fines políticos en el territorio nacional, reprimir los movimientos sociales contestatarios y conceder el indulto presidencial, burlando así el sistema judicial para evitar persecuciones políticas a sus miembros y aliados.

Sin establecer un paralelismo directo entre el ascenso del nazismo en Alemania en la década de 1930 y el avance sin precedentes de la Agrupación Nacional en Francia en 2024, cabe advertir sin embargo que ambas secuencias históricas poseen numerosas características en común: un país que atraviesa múltiples crisis, un partido que capitaliza las frustraciones de un sector de la población con la designación de un chivo expiatorio como responsable de sus males, e instituciones debilitadas cuya reconfiguración sería posible en el marco de un fortalecimiento significativo del poder ejecutivo.[71]

Johann Chapoutot, historiador especialista en el nazismo, lo recordaba en la emisión de *Au Poste* del 12 de junio de 2024:[72]

Nos tranquilizan diciendo que han cambiado. Sí, pero ya nos decían en los años treinta del siglo pasado que, en unos meses, los nazis iban a cambiar. Por el contrario, observamos que una vez que se enfrentan al ejercicio del poder, se radicalizan. [...] Por otra parte, Hitler lo había hecho todo, en los años 1929-1932, para llegar a ser salonfähig, como se dice en alemán, es decir, capaz de ser acogido en los salones. Había dado garantías a todo el mundo, a todas las élites posibles e imaginables, para decir «no se inquieten, somos razonables, racionales como ustedes».

Un estudio realizado en 2022 por especialistas en Derecho Público del Parlamento Europeo para el grupo de los ecologistas evaluó la capacidad de resistencia del sistema jurídico francés ante un potencial choque autoritario. ¿Cuál fue la conclusión del informe? A continuación aquí:

Francia parece especialmente mal situada para resistir a un proceso de desmantelamiento de los contrapoderes que sería organizado por una nueva mayoría autoritaria.

La senadora ecologista Mélanie Vogel resume así la situación:

En Francia hacen falta dieciocho meses para destruir el Estado de derecho.[73]

Por tanto, sí, Francia, mi país, está amenazada. Pero el fenómeno es mucho más amplio. Desde hace una década, los observadores constatan un poderoso resurgimiento de la extrema derecha a escala internacional. Estados democráticos establecidos como Brasil, Estados Unidos o Argentina han visto emerger a dirigentes de tendencias autoritarias, en tanto que, en Europa, varios gobiernos populistas socavan los contrapoderes y los derechos fundamentales. La dinámica es indiscutible: vivimos un retroceso global de las democracias. Según el informe *Freedom in the World 2025*,[74] la libertad en el mundo ha disminuido en 2024 por decimonoveno año consecutivo. ¡El informe anual de 2025 publicado por el instituto V-Dem[75] revela que, por primera vez desde hace más de dos decenios, hay en el mundo más regímenes autocráticos que democracias! Veinte años atrás, más de la mitad de los habitantes del planeta (el 51 %) vivían en un régimen democrático; hoy no son más que el 28 %, frente al 72 % de la población que vive en la actualidad en autocracias. Por consiguiente, no se trata de una sensación, sino de una realidad objetivada por el conjunto de estudios sobre el tema.

Hemos visto con anterioridad, en el seno de la Unión Europea, que países como Hungría o Italia han conocido un giro autoritario. Rumanía, que se había librado durante mucho tiempo, ha visto cómo la Alianza para la Unidad de los Rumanos (AUR) —cuyo discurso mezcla ultranacionalismo, antielitismo, misoginia y conspiracionismo— alcanzaba el 46 % en la segunda vuelta de las elecciones presidenciales de 2025.[76] En los Países Bajos, Geert Wilders, durante mucho tiempo marginal, ganó las legislativas de 2023; su programa islamófobo y xenófobo ha dañado la imagen de tolerancia del país. En España, el partido Vox representa en la actualidad al 15 % de los votantes y gobierna en varias regiones, normalizando los discursos franquistas. En Grecia, la extrema derecha se ha reconstituido bajo nuevas formas tras la prohibición de Amanecer Dorado, y se sienta de nuevo en el Parlamento. En Alemania, la AfD, un partido ambiguo con el nazismo (¡sí, en Alemania!), ha alcanzado casi el 20 % de los votos en las últimas elecciones.

Y el fenómeno trasciende a Europa. En Brasil, Jair Bolsonaro, elegido en 2018, gobernó sobre la base de la división, las *fake news* y la nostalgia asumida de la dictadura militar; su marcha en 2022 no impidió el ataque violento de Brasilia por sus partidarios en enero de 2023. En Argentina, Javier Milei encarna una extrema derecha neoliberal, antifeminista y anti-Estado; tras una campaña deliberadamente provocativa, ha emprendido un desmantelamiento brutal de numerosas protecciones sociales y medioambientales en el país. A escala mundial, la extrema derecha no había sido jamás tan poderosa, legítima y enraizada en las instituciones democráticas desde la Segunda Guerra Mundial.

La internacional de las extremas derechas

Y por buenas razones, la coexistencia de estos movimientos no es una coincidencia. Si todas ellas poseen sus especificidades en función de los países y de las culturas políticas, las extremas derechas forman alianzas cada vez más estructuradas, sólidas y organizadas. Asistimos al advenimiento de una red transnacional de influencia, de cooperación estratégica y, en ciertos casos, de acciones coordinadas. En Europa, los partidos nacionalistas han creado alianzas formales, especialmente a través de la Alianza por la Paz y la Libertad (APL), que agrupa a formaciones neonazis y ultranacionalistas como Forza Nuova (Italia) o incluso el NPD (Alemania) en torno a una agenda común. Antiinmigración, antiélites y euroescéptica.[77] En 2018, Steve Bannon, antiguo estratega de Donald Trump, lanzó The Movement, una iniciativa radicada en Bruselas, encaminada a federar los partidos europeos de extrema derecha (la Liga Norte de Matteo Salvini en Italia, la Agrupación Nacional de Marine Le Pen en Francia, el Partido por la Libertad de Geert Wilders y el Foro para la Democracia de Thierry Baudet en los Países Bajos, etc.) con vistas a las elecciones europeas, con el objetivo explícito de «remodelar Europa» de acuerdo con los principios iliberales. Aunque el proyecto no haya alcanzado todos sus objetivos, ha fortalecido la cooperación ideológica entre esos partidos.

Y esta internacional reaccionaria se asume cada vez más: hoy por hoy se reúne sin ningún complejo. Dos cumbres marcaron el comienzo del año 2025, en febrero. La primera, en Madrid, «Patriotas por Europa», reunió a las figuras familiares del nacionalismo europeo: Santiago Abascal, Viktor Orbán, Giorgia Meloni, pero también Javier Milei, como estrella latina que acudió para recordar que la cruzada conservadora atraviesa en la actualidad los océanos. Se da el tono: «soberanía», «tradición», «familia», «patria». Se habla allí de un mundo amenazado por la «ideología *woke*», por la inmigración, por las minorías demasiado visibles. Y sobre todo, bajo el signo del eslogan oficial de la concentración «Make Europe Great again» [«Hacer Europa grande otra vez»], se sueña con un nuevo orden, más tradicional, más enraizado, más autoritario. La segunda cumbre se celebró en Washington, también en febrero: otro escenario, otro ambiente, más americano y radical todavía. Steve Bannon se permite hacer un saludo nazi, asumido delante de las cámaras del mundo entero a modo de apertura, rodeado de figuras trumpistas, de invitados europeos, de fundaciones conservadoras. El enemigo ya no es únicamente el «izquierdismo»: son las administraciones, los jueces, los medios de comunicación, todo cuanto pueda obstaculizar la reafirmación de las «verdaderas naciones». En resumidas cuentas, esta internacional reaccionaria se basa en coaliciones políticas. Estas dinámicas confieren a la extrema derecha actual una magnitud y una coherencia estratégica inéditas, que explican en parte la explosión de esta corriente política. Ante esta alarmante constatación, numerosos expertos no dudan ya en hablar de un resurgimiento del «fascismo» y del «autoritarismo» en el siglo XXI. Y Estados Unidos encarna una de sus formas más sobresalientes.

¿Cómo saber si se trata *verdaderamente* de fascismo?

Yo me he criado en un país en el que se enseña largo y tendido en la escuela los estragos del fascismo en el siglo XX. En cierta manera, crecemos con una distancia cómoda respecto de esta historia. Para mi generación, esos no éramos «nosotros». Era otro pueblo. Una humanidad vecina, pero extraña, que fracasó. Ese periodo nos interroga a un buen número de nosotros: ¿cómo pudieron sociedades enteras deslizarse hasta tal punto y tolerar lo intolerable? Desde un país en paz, en los albores del siglo XXI, en un Estado de derecho, esto se me antojó absurdo e incomprensible durante mucho tiempo. Y entonces, el 20 de enero de 2025, durante un mitin tras la segunda investidura de Trump, Elon Musk hizo un saludo nazi, y una parte de la prensa dudó en calificarlo como tal. Ese gesto escalofriante inauguró sin embargo una larga serie de medidas en Estados Unidos, a cada cual más autoritaria, que muchos todavía rehúsan designar así. Y es que tenemos miedo de sobreactuar, de «confirmar la ley de Godwin», de exagerar. El campo de los moderados sería el que no emplea las palabras rimbombantes, el que evita los conceptos pesados, el que elude la referencia al «periodo más sombrío de la historia».

¿«Fascismo» entonces? Esa palabra, desde luego no. Sería demasiado pesada, demasiado rotunda, demasiado acusadora. Una palabra de «militante», no de analista. Ahora bien, lo que vemos hoy en día —en Estados Unidos, pero también en otros lugares— requiere un nombre, un calificativo.

Umberto Eco, intelectual italiano superviviente del régimen de Mussolini, publicó en 1995 un texto que se convirtió en una referencia mundial: *Contra el fascismo*.[78] En él propone un marco de referencia accesible a todos del ascenso rampante de lo que él denomina Ur-fascismo: el fascismo «eterno», o más bien reactivable en cualquier momento a su juicio. No ofrece una definición fija del fascismo, sino que propone un haz de sus características, un espectro móvil. Advierte que una sola característica basta para poner en marcha la mecánica fascista. No obstante, el trumpismo no se contenta con activar un par de ellas. Marca la práctica totalidad de las catorce casillas. En este sentido, encarna un caso de manual de la fascistización contemporánea en una gran democracia.

Entre estas características cabe citar el *culto de la tradición*: Trump promete un retorno a la «verdadera América», la de antes de los derechos civiles, antes de los movimientos feministas, antes de la inmigración; una América congelada en un pasado fantaseado, henchida de racismo y de virilismo. Eco menciona otros dos grandes rasgos: el *antiintelectualismo* y el *rechazo del racionalismo*; el presidente de Estados Unidos ha erigido en método la irracionalidad: los aerogeneradores provocarían el cáncer, la crisis climática no sería más que un capricho de la izquierda, incluso un complot chino, y la ciencia, un obstáculo para el sentido común. Atención: no se trata de una deducción ni de una interpretación periodística, sino de una doctrina asumida. Su vicepresidente J. D. Vance lo declaraba desde 2021: «Las universidades son enemigo» y, desde el mes de enero de 2025, el gobierno aplica una política represiva sin precedentes contra el mundo académico. Una lista muy larga de términos tales como «clima» o «mujer» ha sido proscrita en la investigación y las administraciones, numerosos científicos han sido brutalmente despedidos, los museos son «desadoctrinados», en tanto que el ministerio de Educación Nacional ha sido simple y llanamente… suprimido. El enemigo del gobierno Trump ha sido señalado: el saber. Podemos mencionar asimismo, entre los criterios de Umberto Eco, la obsesión con el complot —cuando el presidente de Estados Unidos no cesa de invocar unas elecciones robadas en 2020 y ha designado directamente para encabezar el FBI a una de las figuras del conspiracionismo estadounidense— o *el miedo a la diferencia* —a la hora de la explosión de las políticas y los discursos xenófobos y racistas. Quedan otros rasgos que resuenan particularmente en la actualidad: el empleo de una neolengua (pobreza léxica, eslóganes repetidos, destrucción del lenguaje complejo), el *llamamiento a las clases medias frustradas* y el *desprecio por los débiles*. El libro de Eco describe con una precisión asombrosa el trumpismo, incluso antes de que este existiera, y conoce por cierto un rebrote de popularidad en las librerías estos últimos meses. Seamos claros: Trump no es ni Hitler ni Mussolini. No obstante, encarna lo que Eco describía hace ya varios decenios: un fascismo mutante, sin uniforme ni cruz gamada, pero con los mismos cimientos emocionales y políticos. Si usted lee *Contra el fascismo*, es probable que existan partidos en su país que marquen también varias de estas casillas.

Una deriva mundial

Para quienes no compartan el marco de interpretación de Eco, veamos qué dicen los historiadores. Robert Paxton, historiador de referencia del régimen de Vichy, y que siempre había rehusado calificar a Trump de fascista, dio el paso en 2024: a su juicio,

Trump encarna una forma comprobada de fascismo. No es el único: numerosos historiadores de renombre mundial establecen hoy en día la comparación con la década de 1930 y no dudan ellos tampoco en utilizar este término: Federico Finchelstein, Timothy Snyder o incluso Ruth Ben-Ghiat; la lista es larga y, conforme pasa el tiempo, son más los especialistas que coinciden en emplear la palabra «fascismo».

Para el historiador Stéphane Audoin-Rouzeau:

(...) existe una singularidad del fascismo que lo distingue de manera irreductible de otras formas de extrema derecha: su dimensión subversiva y revolucionaria, sobre todo en sus inicios. Tal es el caso del fascismo italiano, así como de su mutación nazi. Y eso es exactamente lo que vemos en acción en este momento del otro lado del Atlántico.[79]

Pero ¿qué utilidad pueden tener estas disputas de investigadores (fascismo, autoritarismo o dictadura: todas ellas palabras empleadas por diversos historiadores y filósofos para calificar la situación actual)? Ante todo, pueden servir para hacer sonar la alarma. Calificar, nombrar, es permitir un sobresalto. Si bien la mayoría de nosotros no somos especialistas, todos sabemos que el «fascismo» designa algo peligroso, un modelo político que es preciso combatir. Y lo mínimo que podemos decir en la actualidad es que existe una necesidad urgente de reconocer el mayor peligro para las democracias y los derechos humanos en 2025.

Si siempre cabe discutir el empleo de grandes conceptos políticos, no podemos negar la destrucción democrática en curso, la banalización de la violencia resultante y su expansión a través del mundo. Urge una toma de conciencia colectiva, pues los criterios de Umberto Eco se pueden aplicar a numerosos partidos políticos de Latinoamérica (sobre todo al partido en el poder en Argentina) o de Europa. A finales de la década de 1940, George Orwell alertaba ya sobre las maneras en las que el fascismo podía resurgir en cualquier momento con nuevos atuendos: hablaba de potenciales «sombrero hongo y paraguas enrollado». La versión de 2025 tiene más bien pelo rubio platino. La historia no se repite jamás de manera idéntica: reaparece de otras formas y en otros contextos. Necesitamos las palabras precisas para alertar y reaccionar a tiempo.

Los síntomas del odio: cuando la extrema derecha mata

Aquellos que pueden hacerte creer absurdos también pueden hacerte cometer atrocidades.

VOLTAIRE[80]

La violencia física practicada por una parte de la extrema derecha, calificada a menudo de ultraderecha,[81] es un indicio de la magnitud del peligro que constituye esta ideología. Estos numerosos episodios parecen conmover muy poco a personas dispuestas sin embargo a desacreditar los actos de violencia tan pronto como son cometidos por extranjeros.

La explosión de actos violentos de extrema derecha

La tendencia general, tanto en Francia como en otros lugares, es muy alarmante. Si hoy es habitual no dar la razón ni a la extrema derecha ni a la extrema izquierda, está demostrado no obstante que los movimientos próximos a la ultraderecha se distinguen por una cultura de la violencia muy arraigada.[82] En el extranjero, los asesinatos en masa de ultraderecha contra las minorías, sobre todo religiosas —judías y musulmanas en particular—, se han multiplicado estos últimos años. La matanza en Oslo (Noruega) y en la isla de Utoya por Anders Breivik, en 2011 (77 muertos y 320 heridos) sirvió de modelo a otras muchas. Por no citar más que algunos ejemplos: la masacre en una sinagoga de Pittsburgh (Pensilvania) ese mismo año (11 muertos), después el ataque a dos mezquitas en Christchurch en Nueva Zelanda (51 muertos) en 2019 o la carnicería perpetrada contra la comunidad hispana en un supermercado de El Paso en Texas (23 muertos).[83]

En un artículo de *Le Monde*[84] de abril de 2024, el director adjunto del Centro de Investigación sobre el Extremismo de la Universidad de Oslo afirma que Francia es uno de los escasos países de Europa occidental en los que el terrorismo y la violencia de extrema derecha se intensifican: de treinta ataques graves (con muertos o heridos) entre 2015 y 2018, se pasó súbitamente a treinta y cinco entre 2019 y 2022, para alcanzar veintidós tan solo en el año 2023.

Según el último informe de Europol,[85] en 2021 Francia sumaba el 45 % de las interpelaciones en Europa relativas a los asuntos vinculados con el terrorismo de extrema derecha, o sea, 29 arrestos de los 64 efectuados en Europa. En total, «la ultraderecha» francesa cuenta con unos 3.000 militantes, de los que más de 1.300 están fichados como una amenaza para la seguridad del Estado, según los datos de los servicios de inteligencia. He aquí una pequeña antología de este triste récord.

La situación inquietante de Francia

En 2013, Clément Méric, un estudiante antifascista de 18 años, fue asesinado en París por dos *skinheads* neonazis.[86] En 2018, un adolescente, admirador del terrorista noruego Breivik, efectúa ataques con martillo al grito de «Allah Akbar» con el fin de inculpar a los islamistas radicales.[87] En Marsella, unos militantes de Generación Identitaria[88] invaden brutalmente las dependencias de SOS Méditerranée, hechos por los cuales serán juzgados culpables de actos de violencia agravada y condenados a penas de hasta un año de cárcel.[89] En 2019, un antiguo candidato del Frente Nacional ataca la mezquita de Bayona: hiere a dos hombres por disparos e intenta incendiar el edificio.[90] En marzo de 2022, el exjugador de *rugby* argentino Federico Martín Aramburú es asesinado en pleno centro de París por un militante de extrema derecha, admirador de Hitler, en el marco de un altercado en un bar parisino, a raíz de las declaraciones racistas del militante a las que el jugador habría reaccionado.[91] En 2023, un simpatizante histórico de la extrema derecha mata a tres miembros de la comunidad kurda en plena calle de París y hiere a otros cuatro tras haber cometido ya actos de violencia agravada en un campamento de inmigrantes en 2021.[92] En 2023, Yannick Morez, el alcalde de Saint-Brevin-les-Pins en el departamento de Loira Atlántico, es víctima de acoso y de intimidación por parte de militantes de extrema derecha tras el anuncio de la reubicación de un centro de acogida para solicitantes de asilo cerca de una escuela de primaria: las amenazas y las presiones culminan en marzo de 2023, cuando incendian su casa, lo que le lleva a dimitir en mayo de 2023. Ese mismo año, un joven católico integrista ataca con explosivos un centro LGBTQIA+ en Tours, por fortuna sin causar víctimas.[93] El 31 de mayo de 2025, Hichem Miraoui, un peluquero tunecino de 45 años, recibió cinco disparos a la salida de su salón en Puget-sur-Argens, Var, por parte de su vecino Christophe B. La investigación reveló que este último había publicado vídeos racistas y xenófobos en línea, en los que instaba a la violencia contra los extranjeros y expresaba su apoyo a la Agrupación Nacional. La Fiscalía Nacional Antiterrorista (PNAT) se hizo cargo del caso y lo clasificó como homicidio terrorista racista. Esta es la primera clasificación de este tipo para un acto de extrema derecha desde la creación de la PNAT en 2019.

Estos actos violentos suelen tener como objetivos a los antifascistas, las minorías étnicas y religiosas o a la comunidad LGBTQIA+. Pasan anormalmente desapercibidos en los medios de comunicación y apenas conmueven a la opinión pública. En suelo francés, el único tipo de amenaza comparable en magnitud y en peligrosidad es el yihadismo islámico, cuyo tratamiento mediático es por el contrario (¡y con toda la razón!) significativo. Es importante subrayar que, contrariamente a las declaraciones mediáticas que se han podido hacer recientemente, los activistas ecologistas calificados por algunos de «ecoterroristas» jamás han sido considerados una amenaza nacional por los servicios de seguridad, el Ministerio del Interior o Europol en lo que atañe al territorio europeo.[94]

Una amenaza terrorista ignorada

Están los crímenes que se han perpetrado, pero están también todos lo que han sido frustrados por las autoridades. La más célebre tentativa de asesinato data de 2002, cuando un militante de extrema derecha dispara contra Jacques Chirac, a la sazón presidente de la República, durante un desfile militar. Desde entonces, la lista de los crímenes frustrados de la extrema derecha es muy larga. He aquí algunos ejemplos: en 2018, un gendarme neonazi, Alexandre Gillet, crea una organización con el fin de hacer «algo peor que el Bataclan», proyectando una serie de atentados contra mezquitas, militantes, personalidades políticas de izquierdas e instituciones políticas.[95] En 2021, seis jóvenes del grupúsculo de extrema derecha OAS (que adopta el nombre de la organización responsable de más de 2.000 muertes en los años sesenta del pasado siglo en medio de la guerra de Argelia),[96] deseosos de «expulsar de Francia a los árabes y a los musulmanes», son detenidos mientras buscan armas para realizar ataques terroristas.[97] En 2023, miembros de los Barjols, un grupúsculo de extrema derecha que pretende asesinar al presidente de la República, Emmanuel Macron, y volar mezquitas, son condenados a varios años de cárcel.[98] Desde 2017, las autoridades francesas han evitado casi veinte atentados de extrema derecha.[99]

El peligro de la ultraderecha es en Francia la segunda prioridad del Ministerio del Interior[100] después del islamismo radical.[101] El fenómeno resulta tanto más inquietante por la presencia en estos movimientos «de miembros o antiguos miembros de las fuerzas del orden y de militares», que son reclutados principalmente por sus aptitudes relacionadas con las armas, según el exministro Jean-François Carenco.[102] Si la Agrupación Nacional no apoya estos actos de violencia cabe advertir que sus miembros solo los condenan de manera tímida, sobre todo por contraste con su vehemencia tan pronto como un suceso implica a un individuo procedente de la inmigración. Ahora bien, esta relativa tolerancia tiene consecuencias por desgracia muy reales, toda vez que los altercados en los que están involucrados militantes y simpatizantes de extrema derecha se multiplicaron durante el período de las elecciones legislativas.[103] Es preciso subrayar a este respecto los vínculos todavía muy recientes de la RN con miembros de la ultraderecha, sobre todo a través de Axel Loustau y Frédéric Chatillon, dos personas muy próximas a Marine Le Pen: ambos antiguos miembros del Grupo Unión Defensa (GUD), famoso por su violencia y disuelto en 2024. Axel Loustau fue tesorero de Jeanne, el micropartido de Marine Le Pen, y consejero regional de la Île-de-France entre 2015 y 2021, y Frédéric Chatillon, uno de los artífices del FN, siempre fue remunerado por la RN durante la campaña de 2017. En mayo de 2023 Loustau participa en una manifestación neofascista y Chatillon lo respalda públicamente. Ante las críticas, Marine Le Pen acaba por marcar distancias con ellos.[104] Cabe recordar asimismo que Marine Le Pen no dudó en apoyar al grupo Generación Identitaria, calificado de ultraderecha durante su disolución por incitación a la violencia racista en 2021. Esta es la razón por la que ciertos medios de comunicación rehúsan en la actualidad emplear el término «ultraderecha», que invisibiliza esta porosidad.

Y una vez más, el terrorismo de extrema derecha dista de concernir solo a Francia. Hoy en día se considera una de las principales amenazas para la seguridad en el mundo. El FBI ha reconocido oficialmente que, en los veinte últimos años, los extremistas violentos motivados por ideologías supremacistas o nacionalistas son responsables de la mayoría de los atentados mortales en suelo americano. Esta amenaza se considera en la actualidad la más persistente y mortífera en el seno del territorio estadounidense, y supera los riesgos del terrorismo yihadista.[105] En Alemania, varios jóvenes militantes de extrema derecha con edades comprendidas entre los quince y los dieciocho años han sido acusados en 2024 y 2025 de haber planificado atentados con bomba contra centros de refugiados,[106] en lo que los servicios de inteligencia han designado como la «oleada de defensa final», una operación coordinada por Internet e inspirada en las redes neonazis.[107] La red internacional Terrorgram,[108] especialmente activa en Telegram, desempeña un papel central en esta radicalización: difunde llamamientos explícitos a la violencia contra las minorías, instrucciones para fabricar explosivos[109] y listas de objetivos que derribar, como representantes electos o jueces.[110]

Grupos tales como la Atomwaffen Division, una red terrorista neonazi, presentes en los Estados Unidos, en Canadá y en Europa, están prohibidos en Canadá desde febrero de 2021, e incluidos en la lista de las entidades terroristas del Reino Unido en virtud de la Ley Antiterrorista de 2000. Esta red neonazi ha estado directamente implicada en varios asesinatos, proyectos de atentados con bomba, así como en un complot para sabotear la red eléctrica de Baltimore con el fin de provocar una guerra racial, según el FBI y los escritos de acusación publicados. En paralelo, la red Active Club, un movimiento supremacista blanco descentralizado,[111] está en pleno auge estos últimos años. Activo en numerosos países occidentales, este conjunto de grupos dispersos utiliza el deporte de combate como instrumento de reclutamiento, de adoctrinamiento y de preparación física para la violencia. Los Active Clubs difunden contenidos ideológicos que combinan la cultura del combate, la exaltación de la violencia racista y los discursos extremistas con el objetivo de precipitar el colapso de las sociedades democráticas.[112]

Debe de existir un centenar de estos «clubs» por todo el mundo, cada uno de los cuales estaría integrado por decenas o cientos de personas. ¡Menudo ambiente!

El aceleracionismo:
la violencia como estrategia política

Este recurso a la violencia no es obra exclusiva de algunos individuos aislados, sino que es objeto de una teoría, propagada en ciertos medios de extrema derecha en el marco de la cultura Siege,[113] y que pone los pelos de punta: «el aceleracionismo». Basado en la teoría del «gran reemplazo», el aceleracionismo desea acelerar la guerra civil racial en el territorio francés antes de que los «blancos» ya no estén en condiciones de librarla. El historiador Nicolas Lebourg explica en su columna del diario *Le Monde*:

> El aceleracionismo es la guerra racial, y su principio mismo es que hay que pasar a la violencia.[114]

A pesar de esta violencia comprobada, las ideas de la extrema derecha son objeto de una aceptación cada vez mayor en el seno del campo político nacional. Si la extrema derecha es hoy la primera formación política del país en las urnas, es ante todo en el debate público donde ocupa una posición cada vez más prominente. Por eso este análisis no puede pasar por alto la batalla cultural que se está librando.

La batalla cultural

La batalla mediática

Lo que le permite reinar a una dictadura totalitaria
o a cualquier otra dictadura es que la gente no está
informada; ¿cómo podemos tener una opinión si no
estamos informados? Cuando todo el mundo nos
miente de forma permanente, el resultado no es que
nos creamos esas mentiras, sino que ya nadie se cree
nada. […] Y un pueblo que ya no puede creer nada
no puede formarse una opinión. No solo está privado de su capacidad de actuar, sino también de su
capacidad de pensar y de juzgar. Y se puede hacer lo
que se desee con un pueblo semejante.

HANNAH ARENDT[115]

Quien quiera ganar unas elecciones debe haber librado ya la batalla de la opinión. Esta idea deducida de la
obra de Antonio Gramsci ha sido retomada desde
hace una década por la derecha[116] con el fin de pelear
una batalla cultural contra las ideas progresistas surgi-
das de la posguerra. Marion Maréchal-Le Pen y su entorno pretenden así librar un combate metapolítico
(más allá de los asuntos públicos) a través de la crea-

ción de medios de comunicación, de escuelas y de popularización de vocabulario que vehicule sus ideas marginales, a fin de abrir la ventana de Overton.

Esta ventana de discurso, teorizada por Joseph P. Overton, define lo que la opinión considera como aceptable y discutible en la esfera pública. Dado que la sociedad se halla por naturaleza en constante evolución, esta ventana se ve obligada a desplazarse en función de diversos factores tales como los acontecimientos sociales, los avances científicos, la vida cultural y artística o incluso las estrategias políticas. Y la extrema derecha lo ha comprendido a la perfección, ya que sus adeptos han trabajado con ahínco, sobre todo en los medios de comunicación, para tornar públicamente admisibles ideas que no lo eran veinte años atrás. El concepto de «gran reemplazo» constituye un perfecto ejemplo de ello.

Y es que es posible influenciar a una población y transmitir ideas. Ciertos multimillonarios lo han comprendido bien y han comenzado a forjar imperios mediáticos de influencia. Estos últimos años, la carrera de adquisición de las cadenas de televisión, las radios y otros periódicos se ha acelerado, hasta el punto de convertirse en una auténtica batalla entre multimillonarios más o menos conservadores, pero ampliamente orientados hacia la derecha, salvo algunas excepciones. Es así como las ideas identitarias, poco difundidas con anterioridad en el debate público, ganan terreno hoy en día a una velocidad espeluznante, sobre todo bajo la influencia de Vincent Bolloré.

Bolloré, desinforma y vencerás

En unos años, el multimillonario reaccionario ha construido una verdadera máquina para promover las ideas de extrema derecha. Tras la toma de control del grupo Canal+ en 2015 los cambios no se hacen esperar: se acabó el humor subversivo (adiós a *Les Guignols de l'info*) y la investigación (el programa *Spécial Investigation*, que tuvo la mala idea de dedicar un episodio a la evasión fiscal, también ha sido suprimido). Bolloré transforma a continuación CNews, antes I-Télé, una cadena de información generalista, en una plataforma para la difusión de las opiniones ultraconservadoras y nacionalistas. Acelera el ascenso de Éric Zemmour y catapulta al presentador Cyril Hanouna para convertirlo en influyente estrella del programa diario de entretenimiento *Touche pas à mon poste* en la cadena C8. En 2021, Bolloré toma el control del grupo Prisma Media, editor de numerosas revistas de gran tirada como *Capital*, *Femme Actuelle* o incluso *Voici*.

Insaciable, el multimillonario extiende todavía su influencia en los medios de comunicación con la adquisición del grupo Lagardère en 2023 y por tanto de Europa 1,[117] que un año más tarde recibiría un requerimiento de la Arcom[118] por su falta de «mesura» y de «honestidad» en período de elecciones legislativas.[119] Se ha hecho asimismo con el control de *Paris Match*, *Le Journal du dimanche* (*JDD*), Europe 2, RFM, así como el grupo Hachette, apropiándose de este modo de las grandes editoriales como Gasset, JC Lattès, Stock, Calmann-Lévy y el grupo Relay, que vende revistas, periódicos y libros en las estaciones y los aeropuertos. El resultado es que en esos quioscos para el gran público aparecen publicaciones provenientes de la extrema derecha,[120] a veces bajo la apariencia de revistas históricas, como lo atestigua la renovación del 90 % de la redacción del *JDD* en 2023 tras su adquisición por el grupo de Vincent Bolloré.[121]

Todos estos medios son complementarios: uno lanza una polémica, otro la comenta y el último interpela a los políticos sobre ese asunto. La consecuencia de esta estrategia es que el campo mediático se ha desplazado a la extrema derecha, porque los medios de comunicación menos partidistas siguen la pauta, prolongando los debates impuestos por el grupo Bolloré sobre sus cadenas y en sus columnas. Este ha impuesto de esta guisa sus temas, como la obsesión por la inmigración, la inseguridad, las «derivas» de la izquierda, el «lobby trans», el «wokismo», así como polémicas sobre el uso de las abayas o los burkinis, etc. Conceptos conspiranoicos como «el gran reemplazo» llegan a ser «puntos de vista», la islamofobia, la xenofobia, el sexismo o la transfobia son hoy en día opiniones admisibles en nombre de la «pluralidad de las ideas». Devienen aceptables, incluso *razonables*, según la tipología de Overton. Y el historiador de los medios de comunicación Alexis Lévrier resume así la situación:

> Jamás en nuestra historia las temáticas de la extrema derecha habían sido abordadas por medios de comunicación tan numerosos y tan complementarios.[122]

Incluso si no se respaldan las ideas de la extrema derecha se acaban comentando las polémicas que esta genera. Los periodistas y los medios que se resisten a este movimiento son tachados de «woke» o de «extrema izquierda», una manera expeditiva de descalificar a todo aquel que se oponga a esta oleada de ideas reaccionarias. El mismo trato reciben quienes subrayan la frecuente desconexión de estos medios con el terreno. En efecto, las cadenas de información de Bolloré no suelen tomarse la molestia de enviar a periodistas *in situ*, ni tampoco se apoyan en el trabajo de campo de sus colegas de las agencias de prensa como la AFP,[123] que producen informaciones verificadas y de fuentes contrastadas. Se basan ante todo en comentarios, suposiciones y digresiones para inculcar a los telespectadores una realidad paralela, muy alejada de lo que sucede sobre el terreno.[124]

Respaldados por la octava fortuna francesa, estos

medios de comunicación tienen el poder de sustraerse a la deontología periodística. Además de alejarse cada vez más de los hechos, en la cadena CNews las extralimitaciones son algo cotidiano. La cadena es condenada en varias ocasiones a pagar multas enormes por incitación al odio y a la violencia. Según una investigación de *Le Monde,*[125] otras dos cadenas del grupo Bolloré, C8 y NRJ12, recibieron no menos de 47 sanciones, de la Arcom y del CSA,[126] entre diciembre de 2012 y agosto de 2024. Una puntuación de la que solo pueden vanagloriarse las cadenas del grupo Bolloré, puesto que cosechan 12 de las 13 sanciones financieras impuestas por el Arcom desde 2022…[127] Del mismo modo, desde hace cuatro años, la difusión de declaraciones estigmatizadoras y discriminatorias y las referencias a las teorías conspiratorias se han acelerado.[128] En última instancia, los tiempos de intervención concedidos a los candidatos de la RN no declarados han ultimado la ideología del imperio Bolloré. Y el proyecto de influencia funciona: en mayo de 2024 CNews se convierte en la cadena de información más vista del país,[129] mientras la extrema-derechización de sus espectadores está cada vez más documentada.[130]

Como reflejo de este fenómeno francés, otros países conocen una captación similar de sus espacios mediáticos por intereses políticos reaccionarios. En Estados Unidos, el ultraconservador Rupert Murdoch ha encarnado durante mucho tiempo esta estrategia[131] (y probablemente haya inspirado a todos los demás) con la cadena Fox News como pilar del ecosistema trumpista. Desde los años 2000, la cadena ha jugado un papel central en la difusión de tesis escépticas del cambio climático, antiinmigración, anti-LGBTQIA+ y conspiracionistas, contribuyendo a la erosión de la confianza en las instituciones y a la radicalización de amplios segmentos del electorado. En 2023, Tucker Carlson, antiguo presentador estrella de la cadena, lanzó su propio programa en X (antiguo Twitter), apoyado por Elon Musk, en el que da la palabra a figuras conspiracionistas, neofascistas o autoritarias. En noviembre de 2024, este ferviente apoyo de Donald Trump, seguido por más de dieciséis millones de personas en X, afirma por ejemplo que los huracanes no son causados por el calentamiento climático, sino por «los abortos de las mujeres»,[132] dando a entender que Dios castiga así a América por esos «sacrificios humanos». En España, medios de comunicación claramente identificados con la derecha radical desempeñan un papel fundamental en la difusión de las ideas de Vox. La cadena 13TV (actualmente Trece) sigue una línea claramente conservadora y transmite con regularidad discursos antifeministas, anti-LGBTQIA+ y anti-«ideología de género» en sintonía con los de Vox. La cadena de televisión ultraconservadora El Toro TV va todavía más lejos y difunde también programas de inspiración tradicionalista, militando abiertamente a favor de la extrema derecha española, hasta el punto de ser calificado de «herramienta de propaganda» para Vox.[133] En Brasil, incluso después de la derrota de Jair Bolsonaro en 2022, sus redes mediáticas de extrema derecha siguen siendo poderosas. La cadena Jovem Pan, apodada la «Fox News brasileña»,[134] continúa difundiendo una propaganda alineada con la extrema derecha, transmitiendo discursos negacionistas climáticos, antifeministas y antiparlamentarios.

En resumidas cuentas, por todo el mundo se emplea la misma técnica: medios de comunicación privados que se ponen al servicio del triunfo de la extrema derecha. ¿Su objetivo? Reducir el espacio para el debate racional, deslegitimar la prensa independiente y el periodismo, banalizar las ideas más extremistas y de odio bajo el pretexto del «pluralismo» o de la «libertad de expresión». Se trata de un instrumento político en toda regla, pensado para transformar la opinión pública, imponer una agenda identitaria y crear un clima de hostilidad generalizada en contra de las minorías, de los investigadores, de los periodistas, de los artistas y de los jueces. Esta «contra-hegemonía» mediática asumida no pretende solamente expresarse: intenta hacer callar. Y su papel en el retroceso democrático global está sólidamente documentado: un estudio de 2025 publicado en la revista *Radicalized Mainstream*[135] muestra por ejemplo que la exposición mediática a las ideas de extrema derecha contribuye a su normalización y a una legitimación implícita de esa visión del mundo.

Cuando la extrema derecha impone sus males

No importa que se crea o no, Franck Rebillard, doctor en Ciencias de la Información y de la Comunicación, plantea el alcance del problema:

> Todos los estudios realizados en sociología de los medios de comunicación desde la Segunda Guerra Mundial muestran que los medios no dicen lo que hay que pensar, sino en qué hay que pensar.[136]

De esta manera, la extrema derecha impone sus temas, que son progresivamente abordados fuera del marco de sus medios de comunicación habituales.

Emmanuel Casajus, doctor en Sociología y autor de *Style et violence dans l'extrême droite radicale*,[137] analiza para *L'Express*:[138]

> Se trata por lo demás de una estrategia teorizada por militantes identitarios desde finales de los años noventa del pasado siglo, bajo el concepto de «reinformación»: se calca una ideología política sobre hechos que habrían sido considerados anecdóticos con anterioridad. El telespectador tendrá así la sensación de que el enfoque es

cosa suya, que ha comprendido algo del mundo que los «biempensantes» no han entendido, que es preciso luchar por esos ideales.

Vincent Bolloré reivindica en privado esta guerra cultural en Francia:

Yo me sirvo de mis medios de comunicación para librar mi combate civilizatorio.[139]

Y gana adeptos.

Laboratorios de ideas: «los ingenieros del caos»[140]

Los poderes que presionan para impulsar las ideas de extrema derecha no se limitan a los multimillonarios. Pese a ser muy poco conocida por el gran público, la red Atlas, un conglomerado mundial de laboratorios de ideas, entre otros ultraconservadores y libertarios, ha contribuido de manera sutil pero eficaz al ascenso de la extrema derecha por todo el mundo, al influir en las ideas y los debates públicos a través de los difusores mediáticos e ideológicos con objetivos definidos, como lo reveló una investigación del Observatorio de las Multinacionales.[141] La defensa del sistema neoliberal y la extrema derecha se alinean aquí a la perfección:

desmantelamiento del Estado social, reducción del número de funcionarios, supresión de impuestos, del derecho de huelga, del SMIC (Salario Mínimo Interprofesional de Crecimiento), etc.

¿Qué hacen concretamente los laboratorios de ideas? Participan en la formación de élites conservadoras, prestan apoyo directo a personalidades establecidas, se despliegan por todo el mundo, tejiendo una red alineada ideológicamente. Así, en 2023 Atlas estaba presente en 103 países y reivindicaba 589 socios.[142] Los laboratorios de ideas afiliados publican informes, estudios y artículos que son retomados en los medios conservadores, y luego se difunden a veces al resto de los medios, reforzando de esa guisa la legitimidad de las ideas transmitidas por la extrema derecha. La red habría participado así en la elección de Donald Trump en Estados Unidos y en la de Javier Milei en Argentina.[143] En Francia, miembros de la red Atlas despliegan asimismo medios financieros para respaldar a personalidades clave de la extrema derecha. Un ejemplo sorprendente es el de Charles Gave, presidente del Instituto de las Libertades y miembro del consejo de administración de Atlas, que prestó 300.000 euros al candidato de extrema derecha Éric Zemmour para lanzar su campaña presidencial en 2022. Este apoyo financiero, lejos de ser trivial, muestra cómo estos laboratorios de ideas pueden transformar una ideología en una fuerza política tangible.

Al invertir en el futuro, varios *think tanks* adheridos a la red Atlas, como el Instituto de Formación Política (IFP), el Instituto de Investigaciones Económicas y Fiscales (IREF) y el Instituto de las Libertades, han desempeñado un papel central en la formación de las élites conservadoras. El IFP en particular forma cada año a centenares de jóvenes militantes conservadores. Entre sus antiguos alumnos figuran periodistas como Charlotte d'Ornellas, figura destacada de los medios próximos a la extrema derecha, Geoffroy Lejeune, director de la redacción de *Le Journal du dimanche* remodelado a imagen y semejanza de Bolloré, Samuel Lafont y Stanislas Rigault del partido de extrema derecha francés Reconquista, o incluso *influencers* identitarios muy poderosos en las redes sociales, a la imagen de Thaïs d'Escufon o de Alice Cordier.

Más ambicioso todavía es el proyecto de Pierre-Édouard Stérin. Este multimillonario católico libertario y antiabortista[144] (en el desorden) se ha propuesto que Francia se alce contra el «wokismo» con su proyecto Pericles[145] revelado en julio de 2024 por el diario *L'Humanité*.[146] El plan es simple y preciso: 150 millones de euros invertidos en diez años para lograr el triunfo de la extrema derecha en Francia de aquí a 2027. Entre las acciones previstas: la adquisición de un instituto de sondeo, la formación de políticos alineados con sus valores para conquistar al menos mil ciudades pequeñas y medianas en 2026, y la preparación de más de mil dirigentes dispuestos a gobernar. Un proyecto digno del doctor No.

A golpe de millones la ideología reaccionaria se hace progresivamente con los medios de comunicación, toma el control de su imagen e impone sus temas en el debate público, lo cual le permite importar y banalizar su vocabulario.

La batalla semántica

Si el pensamiento corrompe el lenguaje, el lenguaje puede corromper también el pensamiento.

GEORGE ORWELL[147]

«Asalvajamiento», «wokismo», «islamo-izquierdismo», «escoria», «biempensar», «inmigracionismo», «gran reemplazo»…: la extrema derecha ha sabido imponer su campo léxico en el debate público y hasta la cima de nuestras instituciones.* Y esto está ligado al aumento de los actos violentos de extrema derecha, según el historiador de los medios de comunicación Erwan Lecoeur:

Hay términos que fueron creados por grupúsculos y que hoy se consideran normales. Esto permite que los lobos solitarios se sientan impulsados a actuar, lo cual no sucedía veinte años atrás.[148]

---

* N. del editor: En España, esta misma retórica se articula con expresiones como «progre», «buenismo», «dictadura de lo políticamente correcto», «ideología de género», «adoctrinamiento», «lobbies LGTB», «invasión o amenaza migratoria», entre otras.

Las grandes victorias del vocabulario identitario

En junio de 2024, el presidente francés Emmanuel Macron menciona en los micrófonos de un pódcast una posibilidad de «guerra civil», haciéndose eco de una de las grandes fantasías de la extrema derecha,[149] y ya no vacila en invocar una «descivilización» desde mayo de 2023.[150] A partir de 2020, los ministros franceses Gérald Darmanin y Marlène Schiappa hablaban de «asalvajamiento».[151] Asumidas por el Gobierno, estas palabras se incorporan de esta guisa al vocabulario «legítimo».

Otro concepto de moda es el del «biempensar» (*bien-pensance*), arma definitiva de descrédito de las ideas humanistas. Sarah Al-Matary, profesora de Literatura en la Universidad de Lyon 2, explica en las columnas de *Télérama*:[152]

> Estos últimos tiempos, asociar el presunto «biempensar» al multiculturalismo o a los movimientos inclusivos ha permitido desdemonizar declaraciones relevantes de incitación al odio, bajo el pretexto de que los «biempensantes» limitarían la libertad de expresión, incluso se entregarían a formas de censura. Oponerse a la actitud biempensante supone reivindicar una palabra «verdadera», aun cuando esta sería brutal.

El procedimiento es el mismo con la expresión «derecho-del-hombrismo» que, a pesar de la neutralidad afirmada por su creador, el profesor de Derecho Alain Pellet, se emplea siempre en un contexto crítico de la acción humanitaria de acogida a las poblaciones refugiadas, o en el marco de la defensa de los derechos humanos de manera general. De símbolo universal de la defensa de los derechos humanos, los derechos del hombre se convierten así en una «ideología» con una connotación peyorativa… Escuchar esta expresión empleada por Emmanuel Macron en una larga entrevista concedida a *Valeurs actuelles* en octubre de 2019[153] habría podido ofender a los comentaristas, pero de nuevo, muy pocas reacciones. Acusar a alguien de defender los derechos humanos equivaldría, pues, a una mofa, incluso a un insulto, y esto pasa.

Por último, el concepto de «gran reemplazo» es seguramente el símbolo más hermoso de la victoria de la extrema derecha en esta batalla de las palabras. Popularizado por el escritor francés Renaud Camus[154] y adoptado por Éric Zemmour en el marco de la campaña presidencial de 2022, el «gran reemplazo» designa el supuesto gran plan de las élites políticas y culturales destinado a reemplazar a las poblaciones «autóctonas» europeas, principalmente blancas y cristianas, por poblaciones no europeas, especialmente musulmanas y originarias de África. Su poder radica en su capacidad de hacer parecer sospechosa toda política favorable a la inmigración o al respeto del multiculturalismo. Aunque todos los especialistas en inmigración admiten que el «gran reemplazo» es una teoría conspirativa,[155] el término se ha impuesto sin embargo de manera progresiva en el debate público, hasta el punto de haberse convertido en un tema político entre otros, sobre los cuales se interroga a los responsables.

Y esta batalla semántica se vuelve posible mediante el despliegue de los imperios mediáticos e ideológicos que he mencionado con anterioridad. Y es que la técnica de la extrema derecha consiste en martillear machaconamente. Poco importa que nadie pueda ofrecer una definición precisa de los términos *woke* o «islamo-izquierdismo»; lo que cuenta es que esas palabras y el torrente de ideas nauseabundas que vehiculan colonicen progresivamente nuestro vocabulario y, por ende, nuestro espíritu.

En Estados Unidos, la estrategia es la misma. La extrema derecha ha logrado imponer su vocabulario en el espacio político y mediático, mediante expresiones como *cancel culture* [«cultura de la cancelación»], *groomer*[156] [«ciberacosador sexual»] o incluso *deep state*[157] [«Estado profundo»]. Estos términos han sido concebidos para desacreditar los combates progresistas asociándoles una connotación peyorativa. El término *cancel culture*, popularizado a partir de 2019, se impuso primero en los medios conservadores como *Fox News* o el *Daily Mail*, pero lo encontramos en la actualidad hasta en las columnas del *New York Times*, donde se emplea como una categoría de debate legítimo, prueba de una forma de normalización. La palabra *groomer*, históricamente ligada a la pederastia, ha sido distorsionada por los movimientos trumpistas para designar en la actualidad a los docentes o militantes LGBTQIA+ acusados de «adoctrinar» a los niños; un deslizamiento semántico de graves consecuencias. ¡Joe Rogan, presentador del pódcast más escuchado del mundo, ha utilizado sobre todo este término en antena,[158] legitimando así una narrativa de extrema derecha ante un público particularmente amplio! En cuanto al *deep state*, limitado durante mucho tiempo al universo conspiracionista, se ha convertido en una consigna corriente en los círculos trumpistas, utilizada para designar una supuesta élite administrativa que conspiraría contra el pueblo y contra la cual Trump sería el arma letal (porque, por supuesto, el presidente de Estados Unidos no forma parte de ninguna élite…).

El ejercicio de desdemonización mediática de la RN

Al imponer sus temas y sus términos, la Agrupación Nacional se ha fundido de modo progresivo en un campo político cada vez más orientado a la derecha. El resultado de esta ofensiva es inapelable: un gran sector de la población ya no la considera una amenaza para la democracia. La RN ya no da miedo, lo cual es la consecuencia de un largo proceso de desdemonización, que la RN ha teorizado y orquestado. El partido juega con las palabras y pide por ejemplo a los medios de comunicación que no le asocien el término de «extrema derecha», lo que las cadenas de comunicación del grupo Bolloré como CNews o Europa 1 se apresuran a hacer. Y esto se extiende al conjunto del campo audiovisual. La RN multiplica, con la participación —consciente o no— de ciertos periodistas, las entrevistas destinadas a normalizarla y a humanizar a sus dirigentes. Vemos a Marine Le Pen con sus gatos o hablando sobre su infancia en la televisión, a Jordan Bardella le preguntan por su libro de cabecera…

Más grave todavía, el Gobierno de turno adopta, durante la campaña de las Elecciones Europeas y después la de las legislativas anticipadas a raíz de la disolución querida por Emmanuel Macron, una estrategia de comunicación que, con el fin de beneficiarse de los votos de la barrera republicana,[159] convierte a la Agrupación Nacional en su único y auténtico oponente. En el marco de las elecciones legislativas de 2024, llegará incluso a poner en pie de igualdad la Agrupación Nacional y el Nuevo Frente Popular (alianza que abarca desde el centro izquierda hasta el Partido Comunista, pasando por Francia Insumisa).[160] Al actuar de esa manera con fines electoralistas, el macronismo viene a legitimar y a normalizar definitivamente el partido de Marine Le Pen.

Más asombroso todavía es el hecho de que los medios de comunicación en su conjunto no subrayen este deslizamiento y adopten sin pestañear el mismo marco de referencia, principalmente organizando debates que adoptan esa confrontación: en plena campaña, muchos de ellos contraponen a su vez en pie de igualdad a «la extrema derecha y a la extrema izquierda». Y así es como en 2024 la RN, partido cuyos cimientos descansan sobre el antisemitismo de Jean-Marie Le Pen, logra la hazaña de lanzar la acusación de antisemitismo contra Francia Insumisa, y ello mientras la Comisión Nacional Consultiva de los Derechos del Hombre (CNCDH) se esfuerza por recordar que, si existe en efecto un antisemitismo a la izquierda de la izquierda, este último «no tiene punto de comparación con el observado en la extrema derecha y en el entorno de la Agrupación Nacional».[161]

La batalla digital |

Una mentira puede dar media vuelta al mundo
mientras la verdad aún se está poniendo los zapatos.

Mark Twain[162]

Otro actor complementario de esta propagación de
ideas reaccionarias: Internet. Por esta vía, hoy en día
resulta fácil llegar a un gran número de personas, con
más rapidez y sin mediación alguna. Prueba de ello
son especialmente la reconversión de los responsables
políticos de extrema derecha en *influencers* y el desarrollo de un cierto estilo de vida reaccionario. Estos
contenidos vienen a alimentar a una comunidad digital que se perpetúa a sí misma en una realidad paralela
hecha de *fake news* y de contenidos generados por IA.

Este movimiento se ve favorecido asimismo por el
surgimiento de redes ultraconservadoras, a imagen de
X (antiguo Twitter), dirigida por el multimillonario
Elon Musk, importante apoyo de Donald Trump durante la campaña de 2024 y luego brazo derecho del
presidente.

En 2024, cerca de un centenar de tuits de Elon Musk, que difundían informaciones falsas sobre las elecciones estadounidenses, acumularon más de dos mil millones de visualizaciones en X.[163] Según un estudio publicado por el *Wall Street Journal* en octubre de 2024,[164] los algoritmos de X favorecen claramente los contenidos políticos, incluso entre nuevas cuentas no identificadas como interesadas por la actualidad. Creando perfiles «neutrales» en Estados Unidos, los periodistas constataron que el 50 % de los contenidos recomendados en el hilo «Para ti» se referían a la campaña presidencial. Más sorprendente todavía era el hecho de que las publicaciones favorables a Donald Trump duplicaban a las que apoyaban a la vicepresidenta Kamala Harris, ¡lo cual revelaba un claro sesgo algorítmico en favor de la extrema derecha!

Políticas maestras de las redes sociales

Durante la campaña de las elecciones europeas en 2024 los dos candidatos a haber generado más *likes* y respuestas en las redes provienen de la extrema derecha.[165] Jordan Bardella se sitúa en cabeza, seguido de cerca por Florian Philippot. El primero, candidato asimismo al puesto de primer ministro, se ha rodeado de un sólido equipo de comunicadores que han construido metódicamente su éxito creciente en las redes sociales, y sobre todo en TikTok, donde sus vídeos acumulan decenas de millones de visualizaciones. Lo vemos así, entre bastidores de sus intervenciones mediáticas, devorar tentempiés, bromear con su supuesto «romance con Gabriel Attal»,[166] «invitar a una ronda» en el Salón de la Agricultura, y todo ello con una sonrisa cautivadora, un aspecto siempre impecable y sobre un fondo de músicas de moda. De esta manera, ha logrado, más que ninguna otra figura política francesa, crear un sentimiento de proximidad con los jóvenes; estrategia asumida por Marion Maréchal-Le Pen, que publica vídeos de ella misma sobre una tabla de surf, practicando tiro con arco o abrazando a perros. En Estados Unidos, figuras como Donald Trump Jr., Ben Shapiro o los *influencers* de Turning Point USA aparecen con deportivas de marca, utilizan memes que se vuelven virales y producen vídeos de TikTok o *lives* viriles con códigos muy calibrados. Una encuesta de Axios confirma que el ascenso del conservadurismo entre los jóvenes en Estados Unidos se efectúa en gran parte mediante contenidos «lifestyle» que promueven la masculinidad tradicional. En Alemania y en Austria, figuras de la derecha identitaria adoptan también una imagen moderna y seductora, entre hípster y aventurera nacionalista, como Martin Sellner (uno de los inspiradores del asesino de Christchurch); este nostálgico del régimen nazi no luce una cabeza rapada ni eslóganes violentos, sino gafas grandes y un aspecto deportivo para hablar de «remigración» a través de un filtro de moda de Instagram. El historiador Patrick Boucheron, en sus clases en el Colegio de Francia, habla del «advenimiento de un fascismo guay [...] con un nuevo lenguaje visual y estético».[167]

La expansión del estilo de vida reaccionario

Otros usuarios asiduos de las redes sociales: los creadores de vídeos virilistas,[168] que consiguen reunir un público considerable en YouTube,[169] gracias a contenidos que retoman los códigos de los videastas tradicionales de esta plataforma, pero impregnados de propaganda de extrema derecha. Muy reactivos, un tuit polémico o un TikTok militante les basta para alimentar largos vídeos.[170] Bajo el disfraz de contenidos presentados como apolíticos, su discurso virilista y neoconservador cala, y los hombres no son los únicos que lo transmiten: cada vez son más las mujeres[171] que preconizan el regreso al hogar y difunden ideas identitarias, mientras hablan de estilo de vida y decoración. El neoconservadurismo ya no se expresa solo a través de ideas políticas, sino también mediante un cierto estilo de vida. Los hombres fuman puros, beben alcohol fuerte y saborean la carne roja, mientras practican deportes preferiblemente violentos y, en términos ideales, aprenden a manejar las armas de fuego. Las mujeres promueven un ideal de vida en el que no tienen más que una o muy pocas parejas a lo largo de su existencia, en el que se ponen al servicio de su hombre, militan contra el feminismo y sobre todo contra el movimiento MeToo, sin olvidar jamás cuidar de su aspecto. Y todo ello con el respaldo de un movimiento incipiente en Francia, pero increíblemente poderoso ya en Estados Unidos: las *tradwives*, literalmente las «esposas tradicionales», que cultivan una estética de los años cincuenta del pasado siglo y códigos visuales *à la Mad Men*.[172]

El mensaje de muchos de estos *influencers* es claro: podéis ser guais siendo de extrema derecha.

El maravilloso mundo de la *fachosfera*

En Francia, entre las cinco personalidades más influyentes del país en el campo de la información en las redes sociales, dos son de extrema derecha y transmiten contenidos de lo que se ha dado en llamar la *fachosfera*:[173] Éric Zemmour y Pascal Praud.

La *fachosfera* designa un conjunto de sitios web, blogs, foros, redes sociales y plataformas digitales donde se reúnen y se expresan corrientes de extrema derecha, que difunden por Internet ideas xenófobas, islamófobas, antisemitas y nacionalistas. Este término, ampliamente utilizado en los medios de comuni-

cación y por los investigadores para describir este ecosistema digital, engloba una variedad de movimientos:
de los neonazis a los católicos integristas, pasando por
los identitarios y los conspiratorios. Estos movimientos tienen en común que cultivan una cierta desconfianza hacia la República.

Y no es tan fácil de detectar. Muchos medios[174]
imitan con maestría los formatos de los sitios de información clásicos, mientras practican una selección ses-
gada y una readaptación de los artículos procedentes
de otros medios, hasta el punto de que el proyecto es
difícilmente perceptible para un espectador no expe-
rimentado. Además de practicar la desinformación
masiva, estos sitios pueden influenciar directamente
la vida pública.

En las columnas de *L'Express*, Emmanuel Casajus
explica las claves de esta estrategia de influencia, que
se apoya asimismo en el desarrollo de un humor racista de impacto infravalorado,[175] que permite «absolver
de culpa a los votantes por sus ideologías y liberar-
los de todo complejo respecto de la manera de expre-
sarlas». La explosión de las cuentas que difunden este
tipo de declaraciones mediante cuentas anónimas o
bots aparece como la nueva estrategia digital privilegiada por ciertos extremistas de derecha desde hace
algunos años.

En resumidas cuentas, Internet dista de ser neutral,
y resulta primordial tomar conciencia de la magnitud

de la influencia de la extrema derecha en este espacio que utilizamos de manera cotidiana.

La peligrosa realidad alternativa de las noticias falsas

Un estudio del MIT Media Lab demostró que las informaciones falsas de X (antiguo Twitter) se propagan mucho más rápido que las informaciones verdaderas:[176] por término medio, una mentira se difunde allí seis veces más deprisa que la verdad y llega a un número significativamente mayor de personas. El desarrollo de las redes sociales ha permitido así multiplicar el alcance de los mensajes de extrema derecha, que se basan con frecuencia en informaciones erróneas y destacan hechos sensacionalistas. Desde la compra de Twitter por Elon Musk se han restablecido decenas de miles de cuentas neonazis y conspiratorias, con el consiguiente aumento de los insultos homófobos en un 40 % y de los insultos antisemitas en un 60 %, mientras que los insultos racistas se han disparado cerca de un 200 % en la red social X.[177]

¡Y esto no deja de acelerarse! Con la inteligencia artificial, la extrema derecha dispone del Santo Grial en materia de *fake news*: la posibilidad de generar imágenes y vídeos que ponen en escena sus blancos a fin de desacreditarlos. Además, se apropia de ella más que ninguna otra fuerza política. Una investigación de la ONG AI Forensics[178] revela que, durante la campaña de las elecciones europeas, la práctica totalidad de las publicaciones que utilizaban imágenes generadas por IA provenía de la extrema derecha.

Los algoritmos favorecen por desgracia estos contenidos falsos o engañosos, al recomendar principalmente a los usuarios las publicaciones más sensacionalistas y extremistas, así como fuentes de información que confirman sus sesgos preexistentes; y ello con el fin de maximizar la «tasa de compromiso» de las plataformas,[179] es decir, las acciones de los usuarios generadas por el contenido propuesto en las redes sociales (número de «me gusta», comparticiones, comentarios, etc.). Informarse mediante las redes presenta pues el riesgo de encerrarse progresivamente en burbujas de confirmación, lo cual contribuye al endurecimiento del discurso de extrema derecha[180] y a la polarización de la sociedad francesa.

Y las consecuencias de estas prácticas son alarmantes. La última encuesta Ifop sobre el conspiracionismo[181] muestra que los votantes de extrema derecha se adhieren mucho más a las teorías de la conspiración que los de todas las otras sensibilidades políticas. A título de ejemplo, el escepticismo climático es dos veces más frecuente entre los simpatizantes de la RN. Al vivir en burbujas de realidades diferentes, el diálogo deviene imposible: ya no se debaten siquiera las interpretaciones de los hechos, sino los hechos mismos.

Apartada durante mucho tiempo de los medios de comunicación convencionales, la extrema derecha lleva a cabo desde la década de 1980 una ofensiva en los canales alternativos abiertos con Internet. Y si ha logrado penetrar en (incluso saturar) los medios clásicos, continúa clamando contra la censura de los medios tradicionales. Una batalla que los defensores de los valores humanistas y democráticos también tratan de librar, pero que tienen dificultades para entablar con mayor intensidad, por falta de financiación y de coordinación… ¡A menos que se produzca un arrebato colectivo!

Resistir hoy

El veneno
de la indiferencia

La peor actitud es la indiferencia, decir «paso de todo, ya me las apaño». Si os comportáis así, perdéis uno de los componentes esenciales que forman al hombre. Uno de los componentes indispensables: la facultad de indignación y el compromiso que la sigue.

STÉPHANE HESSEL[182]

Cuando Stéphane Hessel exhortaba a sus lectores a la indignación en 2010, no predicaba una cólera estéril, sino una acción transformadora. Hoy en día, frente al ascenso de la extrema derecha, nuestra indignación es un baluarte si se convierte en resistencia activa. No dejemos que venza la indiferencia.

La guerra contra la indignación

Pero la indignación tiene mala prensa en estos tiempos. Se la asocia a menudo con una comodidad de espíritu promovida por moralistas de salón. Por ejemplo, en 2022, cuando surgen los llamamientos al boicot de la Copa del Mundo de Fútbol en Catar, se lamenta una «indignación de geometría variable» en la BFMTV,[183] mientras que *Le Point* explica que «indignarse por todo va a ser totalmente contraproducente»,[184] *Valeurs actuelles* fustiga a una «juventud que ha mamado las grandes indignaciones»[185] evocando los combates ecológicos o antirracistas, en tanto que *Le Figaro* deplora una «indignación permanente que transforma el espacio público en una enorme algarabía».[186]

En resumidas cuentas, indignarse resulta inapropiado. No obstante, existen motivos para indignarse en Europa, donde el sinhogarismo creció un 40 % en 2023.[187] En el conjunto de la Unión, cerca de novecientas mil personas[188] viven en la calle, en países que, sin embargo, figuran entre los más ricos del planeta. Según el *World Inequality Report* 2022 [Informe sobre la Desigualdad Mundial 2022],[189] el 1 % más rico del planeta ha captado el 38 % de todo el patrimonio suplementario acumulado desde mediados de la década de 1990, en tanto que el 50 % más pobre solo se ha beneficiado del 2 % de este último. Nuestros dirigentes permanecen indiferentes ante los escenarios científicos de los informes del GIEC[190] conduciéndonos colectivamente a la catástrofe, y eso no nos indigna en exceso. Los discursos intolerantes, discriminatorios y de odio en contra de las minorías florecen en el espacio público, y prosperan porque no nos indignamos ante ellos. Es precisamente porque no nos indignamos, o no lo suficiente, por lo que la temperatura aumenta con tanta rapidez, la biodiversidad se desploma, las desigualdades aumentan y parecemos bascular hacia un régimen preautoritario.

Los peligros del adormecimiento

«Todo pueblo que se duerme en libertad se despierta en servidumbre», advertía el filósofo Alain en el año 1934.[191] La indignación, aunque no sea una panacea, ha demostrado su valía en la Historia. Fue la indignación ante las desigualdades la que permitió a las mujeres luchar por sus derechos con resistencia y sagacidad. Fue la indignación ante la ocupación nazi la que impulsó a Stéphane Hessel a incorporarse a la Resistencia. Y es la indignación la que puede permitir comenzar a resistirse a la extrema derecha. La indignación no siempre conduce a la acción ni es una solución en sí misma. Con frecuencia es el detonante de la solución, la chispa que no siempre prende una hoguera, pero que a veces pone en marcha las revoluciones.

Sin embargo, hoy nos hace falta esa indignación, porque esta es casi inmediatamente descalificada y relegada a la categoría de lo irracional y de lo emocional. La indignación no se percibe como una virtud, sino que se asocia más bien a un arranque de asombro naif, a una cólera vana. No obstante, en su época, Albert Einstein ya lo subrayaba:

> El mundo no será destruido por aquellos que hacen el mal, sino por quienes los observan sin hacer nada.[192]

Yo no pretendo ofrecer ninguna solución mágica en este libro. Soy perfectamente consciente de que no es más que una gotita de agua en un océano de información (y de desinformación), pero, a mi parecer, no hay nada peor que resignarse a una realidad que nos incomoda. También es en el caldo de cultivo de la indiferencia donde prospera la extrema derecha, mientras que muchos no escatiman esfuerzos para dar cuerpo a sus ideas. Sin un arrebato colectivo, su victoria ya está fuera de toda duda. La trampa consistiría en creerse individualmente a salvo de las consecuencias de esta toma del poder mencionada en este libro. Como recordaba el pastor Martin Niemöller en 1950,[193] no nos preocupa el peligro de la extrema derecha hasta que es demasiado tarde:

> Cuando los nazis vinieron a llevarse a los comunistas, guardé silencio, ya que no era comunista.
> Cuando encarcelaron a los socialdemócratas, guardé silencio, ya que no era socialdemócrata.

Cuando vinieron a buscar a los sindicalistas, no protesté, ya que no era sindicalista.

Cuando vinieron a buscarme, no había nadie más que pudiera protestar.

Acabar con la neutralidad

La tolerancia ilimitada debe conducir a la desaparición de la tolerancia. Si extendemos la tolerancia ilimitada aun a aquellos que son intolerantes; si no nos hallamos preparados para defender una sociedad tolerante contra las tropelías de los intolerantes, el resultado será la destrucción de los tolerantes y, junto con ellos, de la tolerancia.

KARL POPPER[194]

Durante la campaña de las elecciones legislativas de 2024, un centenar de medios de comunicación, en su mayoría independientes, llaman a luchar contra la extrema derecha, que «amenaza la libertad de prensa». Entre los signatarios, cinco periodistas de la redacción de France 3, quienes son inmediatamente sancionados y apartados de la cobertura de las elecciones. La dirección notifica a los firmantes que «este llamamiento al voto resulta incompatible con el tratamiento de la campaña electoral en el conjunto de los soportes de France Télévisions», porque «está en juego la imagen de imparcialidad de las redacciones de France

Télévisions». Este episodio resulta edificante: ¿debemos permanecer imparciales, esto es, neutrales, frente a la extrema derecha?

La neutralidad periodística no existe

Terminemos con un mito tenaz: la supuesta neutralidad de los periodistas. Se trata de una ilusión. No somos neutrales. Sin embargo, eso es lo que me enseñaron durante mis estudios: un periodista no debe bajo ningún concepto «tomar partido», sino que ha de adoptar un enfoque «objetivo». Solo que alcanzar esa imparcialidad implicaría borrar todos nuestros sesgos: nuestras vivencias personales, nuestra educación, nuestra experiencia. Sin embargo, tenemos ideas, convicciones, prejuicios y, si es cierto que hemos de pensar contra nosotros mismos, no podemos hacer como si nuestro «yo» no existiese. Ser periodista supone, por definición, pasarse el día haciendo elecciones. La elección de un tema, la elección de un ángulo, la elección de las personas entrevistadas, la elección del lugar dejado a los actores, a los testigos, a los especialistas o a las víctimas de un suceso. Es también la elección de la jerarquía de los temas en un telediario, un matinal o un periódico. Es la elección de un título y de las palabras. Para un reportero gráfico, la de un ángulo, de un encuadre, de una luz. ¿Cómo creer que esta miríada de elecciones no está guiada asimismo por una mirada personal?

Hablar de una ola de calor mostrando colas delante de las heladerías o recordando las causas del calentamiento climático y filmando el pánico de los cuidadores de las residencias de mayores es tratar el mismo tema sin transmitir lo mismo, si bien los dos ángulos exponen informaciones contrastadas. De la misma manera, optar por no filmar los suburbios nada más que para ilustrar un tema sobre los disturbios y jamás para mostrar las iniciativas ciudadanas que florecen en ellos es una elección, que presenta esos barrios bajo el ángulo de su violencia y eclipsa los otros aspectos de la realidad. Lo mismo sucede con la cuestión de la inmigración, que conoce un tratamiento extremadamente polarizador: sin buscar las cadenas más extremistas, entre un debate titulado «¿Cómo controlar la inmigración?» difundido en el servicio público en mayo de 2024 y otro relatado en las columnas de *L'Humanité* con el título «¿Qué estatus y qué protección para los refugiados?» en el mismo período, se advierte con claridad que los postulados —hay demasiados inmigrantes por un lado, y los derechos de los inmigrantes están en peligro por el otro— no tienen nada que ver: ¿cuáles son entonces los periodistas más comprometidos?

Del mismo modo, argüir que es preciso dar la palabra a la extrema derecha en nombre de la pluralidad y de la objetividad supone un compromiso. También lo es considerar, como lo hacen *Le Monde* y *Libération*, que no hay que proporcionar ninguna tribuna directa a la extrema derecha, sino investigar sobre ella y supervisar sus palabras.

La delicada frontera entre activismo y compromiso

Llegamos aquí al corazón del problema: establecer una distinción entre periodistas «comprometidos» y periodistas «neutrales» supone vaciar el periodismo de su sustancia política. Implica negar que los medios de comunicación contribuyen a modelar el paisaje político y la opinión pública, y que son en última instancia actores esenciales de la vida democrática. De hecho, en Francia, el periodismo constituye un cuarto poder junto con los poderes legislativo, judicial y ejecutivo, ya que no puede existir una sociedad democrática viva y sana sin un sistema de información poderoso y libre.[195] El asunto no se resume simplemente en informar sobre hechos recogidos aquí y allá de forma aleatoria; consiste asimismo, se admita o no, en transmitir valores, directa o indirectamente, con más o menos contención, y en garantizar el buen funcionamiento de las instituciones democráticas iluminando a la opinión pública sobre su labor. Y en ciertos casos, el periodismo se indigna por graves violaciones de los derechos humanos, como France Inter, que organizó jornadas de apoyo a las mujeres afganas en 2021[196] o iraníes en 2023[197] sin que a nadie se le antojase aquello demasiado alejado de la neutralidad.

Por consiguiente, no señalar los déficits democráticos o las violaciones de los derechos humanos supone asimismo contribuir a eclipsarlos, incluso a banalizar lo que no debería ser banalizado. Ocultar la función política del periodismo comporta otro peligro insidioso: el de negar la famosa batalla cultural que se libra en la actualidad, y permitir así que las ideas de extrema derecha colonicen las noticias y el vocabulario corriente.

Cuidado, sin embargo, para no llamarse a engaño. Si denuncio la ilusión de la neutralidad, creo en cambio en la ética y la deontología periodísticas inscritas en la Carta de Múnich.[198] Esta exigencia de profesionalidad constituye además a mi juicio una respuesta a la desconfianza creciente de los ciudadanos hacia los medios de comunicación. Este es el motivo por el que esta obra es argumentativa y detallada, se esmera en ofrecer las fuentes e incorpora un buen número de notas, con el fin de que el lector sepa de dónde procede la información y cuál es su metodología. Esta es asimismo la razón por la que expongo con nitidez mi posicionamiento y mi historia personal con respecto a la extrema derecha: a falta de neutralidad, reivindico mi honestidad. Cuando escribo que hemos de informar sobre el hecho de que la extrema derecha representa un peligro para la democracia, esta afirmación no es una postura, sino el resultado de una investigación, de una acumulación de hechos concordantes, de un estudio del pensamiento de extrema derecha y, en última instancia, sí, de la afirmación de mis valores que, por cierto, son también oficialmente los de la República Francesa.

La posición que hoy adopto, un buen número de periodistas de renombre que ejercían en los principales medios de comunicación la mantuvieron en 2002,[199] entre las dos vueltas electorales en las que se enfrentaron Jean-Marie Le Pen y Jacques Chirac. Y si creemos los registros, ¡casi nadie parecía plantear entonces la cuestión de la neutralidad![200] Asistimos en ese momento a una masiva y enérgica oposición de una gran parte de la profesión, en sintonía con la práctica totalidad de la clase política, de los sindicatos, del mundo de la cultura, del deporte, de la sociedad civil: todo el mundo se unió para evitar una victoria de Jean-Marie Le Pen.[201] ¿Cabe imaginar una reacción similar hoy en día? Por aquel entonces, muy pocos daban la impresión de que les preocupase parecer demasiado «militantes», «demasiado a la izquierda», «no suficientemente neutrales». Se denunciaba con vigor la falta de movilización contra la intolerancia.

¿En qué lugar del camino nos hemos perdido entonces?

Mantenerse muy firmes ante los representantes de la extrema derecha

Conscientes del riesgo inherente al relativismo de las ideas, los vecinos belgas del lado valón aplican desde hace décadas un «cordón sanitario»:[202] los medios de comunicación se comprometen a no ofrecer ninguna tribuna directa a los partidos que preconizan ideas racistas o discriminatorias. No se trata de una censura, sino de una voluntad de preservar el control de las declaraciones difundidas: para esos partidos, nada en directo; la difusión se hace en diferido con el fin de dejar el tiempo necesario a los periodistas para analizar, reflexionar y aportar una contradicción de las declaraciones si es necesario. Y la extrema derecha es allí considerablemente menos poderosa.

En Francia es demasiado tarde para aplicar una medida semejante, que no haría más que fortalecer la narrativa victimista y antisistema de la extrema derecha. En cambio, la campaña de 2024 mostró con claridad los métodos que funcionan: investigar, enmarcar las palabras, y no ceder ni un ápice en lo que atañe a las *fake news*.[203]

Por otra parte, la Arcom impone reglas de igualdad estricta con respecto a los tiempos de intervención de los partidos políticos en la televisión y en la radio en período electoral. Sin embargo, la extrema derecha se benefició de una posición privilegiada durante las elecciones europeas y luego durante las legislativas anticipadas de 2024. ¿Por qué esta negativa a abrir a otros partidos políticos el debate celebrado entre Gabriel Attal, primer ministro, y Jordan Bardella, mascarón de proa de la Agrupación Nacional?[204] Fuera de los períodos electorales, estos medios de comunicación deben velar por el pluralismo político sin favorecer a la extrema derecha, máxime cuando su peso en la vida política es ínfimo. Así, Éric Zemmour, cuyo partido no contaba con ningún representante hasta las elecciones europeas de 2024, no tiene por qué ser invitado en horario de máxima audiencia a los platós del servicio público como ha sucedido estos últimos años. Al hacer del extremismo un fenómeno de feria le hemos brindado asimismo una tribuna.

En su obra *Berlin, 1933: La presse internationale face à Hitler*, el periodista Daniel Schneidermann demuestra la manera en la que la neutralidad periodística puede convertirse en complicidad pasiva cuando se enfrenta a movimientos de extrema derecha. El estudio de los archivos revela que, durante el ascenso de Hitler, los periodistas extranjeros que vivían en Alemania no denunciaron el peligro que presentaba la evolución política del país a veces como muestra de su profesionalidad, por miedo a perder sus fuentes o por anticomunismo. Trágicamente esta «neutralidad» sirvió al régimen nazi, ya que banalizó ideas y acciones que habrían merecido una condena firme susceptible de alertar a la opinión pública sobre la gravedad de la situación.

Este ejemplo muestra con nitidez que, en democracia, el periodismo no es un simple repetidor o una sala de grabación de los discursos del poder, que da la palabra a cada uno de forma equitativa. En su calidad de cuarto poder en el seno del sistema democrático, puede y debe defender los valores con los que están comprometidas las democracias. En términos más generales, más allá del periodismo, no podemos permanecer neutrales como ciudadanos. Elie Wiesel, superviviente del Holocausto, escritor y filósofo, enfatizó este punto en su discurso de aceptación del Premio Nobel de la Paz de 1986:

Siempre debemos tomar partido. La neutralidad ayuda al opresor, nunca a la víctima. El silencio anima al perseguidor, nunca al perseguido.

El saber es un poder[205]

Ha llegado la hora de una nueva resistencia. La de anteayer era contra la ocupación nazi, la de ayer contra el retorno de la vieja barbarie del odio y del desprecio ligada a la nueva barbarie del cálculo ciego a la humanidad y del beneficio desenfrenado. La nueva resistencia es, en primer lugar, la resistencia del espíritu a las mentiras, a las ilusiones, a las histerias colectivas sobre las que navega la extrema derecha en Francia y en Europa.

EDGAR MORIN[206]

El rechazo de la neutralidad ante la extrema derecha no se puede aplicar únicamente a los medios de comunicación, que tienen su responsabilidad, pero distan de tener todas las cartas entre sus manos. Rechazar los discursos formateados, informarse mediante fuentes diversas sobre la estructura de los medios, cultivar el espíritu crítico, es hacer un acto de resistencia.

Informar a nuestros allegados

Muy por delante de los medios de comunicación, la información más fiable según los franceses es la que les proporcionan sus allegados.[207] Por ese motivo, una senda de resistencia ciudadana eficaz y al alcance de todos es la compartición de informaciones de calidad con las personas cercanas. En un momento en que las redes sociales nos proyectan hacia burbujas algorítmicas difícilmente evitables, dedicar un tiempo a verificar los hechos y luego difundirlos lo más ampliamente posible es un acto cívico.

Esto se puso de manifiesto en particular durante la última campaña legislativa en Francia en 2024, en el transcurso de la cual ciertas personalidades de Internet, que no tienen ningún interés económico ni político en posicionarse, no solo llamaron a votar contra la extrema derecha, sino que transmitieron asimismo información contrastada, a imagen del *youtuber* francés más influyente, Squeezie, quien no vaciló en producir una publicación detallada justificando su posicionamiento.

Evidentemente, esto puede hacerse también a través de las comidas familiares, las veladas con amigos, el café entre colegas, incluso yendo de puerta en puerta o llamando a desconocidos en el marco de una campaña. Si esta actitud se generaliza, no solo puede contribuir al retroceso de las ideas reaccionarias, sino también a revitalizar la democracia simple y llanamente.

Saber convencer

Una vez que nos hemos informado sobre un tema, convencer es un ejercicio indiscutiblemente difícil. Esto forma parte de las preguntas que me hacen con más frecuencia: ¿cómo argumentar? He aquí, pues, un breve listado de las técnicas retóricas que pueden ayudarnos a hacer valer nuestros argumentos.

- *Asegurarse de que la persona esté abierta al debate.* No se impone un debate o una discusión política en cualquier momento y en cualesquiera condiciones, pues ello puede revelarse contraproducente…
- *Escuchar a nuestro interlocutor.* Resulta indispensable comprender las preocupaciones de la persona a la que deseamos informar y/o convencer. Formulémosle preguntas abiertas. Mostremos consideración y escucha hacia nuestro interlocutor. Es un prerrequisito para esperar ser considerados y respetados a nuestra vez y, por tanto, para que nuestro discurso sea oído.
- *Identificar valores comunes.* Pongamos de manifiesto aquello en lo que estamos de acuerdo con nuestro interlocutor, los valores que ambos compartimos

(la justicia, la igualdad, la solidaridad…). Anclemos nuestros argumentos en esos valores para mostrar que nuestra posición es coherente con los principios a los que se aferra ya la persona en cuestión.

- *Ponerse de acuerdo sobre referentes comunes.* ¿Nos citan CNews como fuente? Expliquemos todo aquello que puede hacer dudar de la credibilidad de esa cadena (existe una gran cantidad de documentación sobre este asunto), y encontremos una fuente común (otro medio de información, por ejemplo) que nos convenga a ambos. Sobre ecología, por ejemplo, citar a los científicos suele lograr el consenso.

- *Mostrar buena fe.* Reconozcamos los posibles errores de nuestro argumentario y no dudemos en señalar los eventuales puntos de discrepancia que tenemos con las personas o los partidos que defendemos. ¡Nunca es malo cultivar el matiz!

- *Presentar hechos concretos.* Utilicemos datos y ejemplos precisos para refutar las ideas erróneas. De paso, esto nos permitirá asegurarnos de no divulgar falsas informaciones y tal vez percatarnos en el transcurso de nuestras investigaciones de que estamos equivocados. Por ejemplo, si la otra persona expresa preocupaciones vinculadas a la seguridad o a la economía, proporcionemos estadísticas fiables que demuestren la eficacia de las soluciones moderadas con respecto a las posiciones más extremas.

Con tal fin, armémonos intelectualmente. Para hacerlo, existen varias obras cuyas referencias se encontrarán al final de este libro.

- *Utilizar relatos personales.* Las historias personales o los ejemplos concretos tornan más tangibles y accesibles nuestros argumentos. Por ejemplo, como mujer, yo puedo explicar a mi interlocutor las consecuencias que podría tener en mi vida una política de extrema derecha, y por qué eso me asusta.

- *Aceptar lo que siente el otro.* No invalidemos los sentimientos o las sensaciones de nuestro interlocutor, aun cuando sean el fruto de aquello contra lo que nos rebelamos.

- *Compartir fuentes de información.* Compartamos documentación. Aconsejemos un libro, un documental, un pódcast, algo que nos parezca didáctico y eficaz, y discutámoslo en una próxima ocasión.

- *Ser paciente.* No podemos convencer a alguien en una tarde, sobre todo cuando ello exige un cambio de paradigma político. Cambiar de opinión es un proceso lento y con frecuencia gradual. Estemos preparados para tener varias discusiones. El objetivo es sembrar una semilla de reflexión que podrá germinar con el tiempo. Incluso si nuestro interlocutor no cambia de parecer tras la primera discusión, no mostremos demasiado nuestra decepción, o peor aún, nuestra irritación. Agradezcamos a la persona el tiempo dedicado a esta conversación, tratemos de subrayar, entre los puntos que haya aportado, aquellos que nos han iluminado, y mencionemos nuestro deseo de proseguir el debate en el futuro.

La idea final es revitalizar los debates democráticos a una escala muy local, en el círculo amistoso, familiar o profesional. ¿Implica esto discutir con personas que votan a la extrema derecha? Por supuesto, y volveré sobre este asunto en el capítulo siguiente. Porque es indispensable recordar que, si las discusiones en los círculos de allegados pueden ser tremendamente eficaces, siempre se constata una cierta homogeneidad política en numerosos territorios y entornos sociales. Así, si votamos a la izquierda, es poco probable en términos estadísticos que nuestra familia vote a Éric Zemmour. Por eso resulta indispensable restablecer vínculos fuera de los círculos familiares y amistosos.

Sostener la diversidad de los medios de comunicación

Para tener acceso a una información de calidad lo más seguro sigue siendo sostener el universo mediático capaz de ofrecerla. ¡No todos los medios son iguales y, sobre todo, es indispensable no fiarse nunca solamente de uno de ellos! Este apoyo consiste principalmente en el tríptico: suscribirse, compartir (respetando los derechos de autor) y sostener los medios en los que tenemos confianza, sin olvidar los medios independientes.[208] Es posible asimismo hacerse socio de medios alternativos.

También me parece necesario insistir en la importancia del servicio público de comunicación audiovisual. En efecto, una de las primeras medidas de los partidos de extrema derecha una vez llegados al poder consiste en arremeter contra el sector audiovisual público. Y es comprensible: se trata de medios de comunicación sin accionistas (ningún tema tabú), que no están obligados a ningún sesgo ideológico ni al sensacionalismo (fuera de toda lógica mercantil). Medios que, aunque puedan ser objeto de críticas, pueden permitirse tratar temas de interés general como la ecología, incluso si ello genera menos audiencia. En Francia, el servicio público es especialmente *Cash Investigation* y *Envoyé spécial*, es decir, programas que difunden revelaciones a veces incómodas para las más altas esferas del poder.

En el contexto de un cuestionamiento ya iniciado de la independencia de este servicio público, me parece necesario afirmar nuestro respaldo de este modelo firmando y compartiendo las peticiones en favor del mantenimiento de un sector audiovisual público fuerte e independiente. En resumidas cuentas, la información es un bien público que es preciso financiar y sostener de forma colectiva, si deseamos garantizar que el pluralismo de las ideas y de las voces perdure en el corazón de nuestro sistema democrático.

Recuperar la unidad y restablecer vínculos

> La democracia no es la ley de la mayoría, sino la protección de la minoría.
>
> ALBERT CAMUS[209]

Espero haber insistido lo suficiente en el peligro que constituyen las inclinaciones racistas y discriminatorias. No obstante, este empeño no puede ni debe implicar el desprecio hacia los cientos de millones de votantes de extrema derecha en todo el mundo: amén de simplista, esta posición resulta contraproducente. Nadie ha cambiado jamás de parecer al sentirse menospreciado.

No añadir desprecio al desprecio

Tal y como lo explica el investigador en ciencias políticas Antoine Marie, «demonizar a las personas que apoyan a la RN equiparándolas con un hatajo de "racistas"[210] entraña un riesgo. El de agravar el sentimiento de ser despreciados y rechazados por las élites y las clases educadas, que domina ya a una gran parte de los votantes de la RN y, por ende, de exacerbar las divisiones y las tensiones sociales ya fuertes en Francia».[211] De hecho, la baza de importantes figuras de extrema derecha como Jordan Bardella consiste en asumir el desprecio que pesa sobre el voto de extrema derecha desde hace décadas, para convertirlo en un argumento político adicional para luchar contra el sistema dibujando implícitamente dos bandos: el del desprecio que aglutina a las «élites» y a todos aquellos que denuncian el voto a la RN, y el de los «despreciados», entre los que figura la RN y su candidato a primer ministro, junto con las clases populares…

Esta lógica no es exclusiva de Francia. En Estados Unidos, Donald Trump ha recurrido a una retórica muy similar, denunciando a las «élites costeras», a los periodistas como «enemigos del pueblo» y al «sistema» como aliado contra el estadounidense medio. El mismo patrón se observa en Giorgia Meloni en Italia, quien acusa regularmente a intelectuales y periodistas de estar «ideologizados» y critica duramente a los «burócratas bruselenses», o en Javier Milei en Argentina, quien ataca a la «casta» política y mediática. En cada uno de estos casos, la extrema derecha transforma el resentimiento social en capital político, revirtiendo estigmas y erigiéndose en defensora del «pueblo real» frente a una minoría considerada arrogante, culpable de desprecio cultural y exclusión social.

En países ultrapolarizados, un motor decisivo de resistencia a la extrema derecha reside por tanto en la lucha contra el aislamiento y la polarización de los votantes prohibiéndose añadir desprecio al desprecio. Entiendo perfectamente que pueda resultar difícil hacer frente a ciertos discursos, y no se trata de una exhortación a enfrentarse a toda costa a esas declaraciones, sino simplemente del recordatorio de que, en la medida de lo posible, es más eficaz no apoyarse en aquello que nos enfrenta.

Involucrarse en lo colectivo

La extrema derecha se nutre de la división. El individualismo preconizado por el pensamiento neoliberal es, pues, un terreno fértil para ella. Las asociaciones, tanto si trabajan en el ámbito de la educación como en el de los servicios sociales, el deporte o la cultura, permiten forjar un sentimiento de pertenencia y de solidaridad, al involucrar en numerosos casos a personas de diversos orígenes y entornos sociales en proyectos comunes. Los sindicatos, que han perdido un poder considerable, cumplen asimismo esta función en el seno de la esfera profesional. Esta cohesión social, fundada con más frecuencia en valores de respeto y de ayuda mutua, puede erigir un baluarte contra los discursos identitarios y xenófobos que buscan enfrentar a unos individuos contra otros. Los individuos se hallan además directamente amenazados por la extrema derecha, como explica el sociólogo Ugo Palheta, puesto que existe un riesgo de que «los sindicatos independientes de la patronal y del Estado sean aplastados de alguna manera, tal como sucedió en la totalidad de los regímenes de extrema derecha en el siglo xx».[212]

Por otra parte, el voluntariado en organizaciones locales o sindicales permite paliar las carencias del Estado,[213] allí donde la extrema derecha prospera capitalizando las frustraciones y el sentimiento de abandono. Ofrece, pues, un marco propicio para la educación cívica informal, donde se aplican a diario los valores democráticos tales como la inclusividad, la tolerancia y la participación activa.

En suma, involucrarse en la vida asociativa, sobre todo en asociaciones con fines altruistas, no es solo un acto de solidaridad: es también una forma de resistencia activa contra las derivas extremistas, que protege y fortalece los cimientos democráticos de la sociedad.

En última instancia, una de las maneras de luchar puede pasar también por la política en el sentido más tradicional del término, a nivel local, municipal por ejemplo. Participar en los consejos de barrio o en la elaboración de los presupuestos participativos permite hacer oír nuestra voz sobre los problemas de proximidad. Puesto que hablábamos de compartir información, podemos imaginar asimismo la organización de debates ciudadanos en nuestro barrio, con vistas a favorecer el intercambio de ideas y la comprensión mutua. Todas estas acciones devuelven a los ciudadanos una capacidad concreta de actuar, fortaleciendo de esta guisa el tejido democrático y social de las comunidades.

La fuerza de los símbolos

A pesar del desastre social y ecológico ampliamente documentado de los grandes eventos deportivos, los símbolos que celebran, unen. La ceremonia de inauguración de los Juegos Olímpicos de 2024 fue muy instructiva a este respecto: vista por 22 millones de franceses, mostró a personas de todos los orígenes, religiones, géneros y orientaciones sexuales que celebraban su patrimonio común. Los estilos y las músicas eran variados, las referencias a la historia de Francia numerosas; tema de conversación para todas las generaciones. De hecho, tanto en Francia como en el extranjero, la prensa y las redes sociales saludaron globalmente una ceremonia histórica, alegre e inclusiva. En realidad, los únicos que se rebelaron contra la fiesta de los JJ.OO., fueron, tanto aquí como en otros lugares... las figuras de la extrema derecha. Sin embargo, ese momento de unión resultó muy beneficioso para la mayoría de la gente, después de los últimos meses de tensiones políticas.

Nacidos en Argentina en la estela del movimiento *Ni Una Menos*, los pañuelos verdes, por ejemplo, se han convertido en el poderoso emblema de la lucha por el derecho al aborto en Latinoamérica: inspirados en los pañuelos blancos de las Madres de la Plaza de Mayo, esos simples pañuelos verdes han unido a millones de mujeres desde México hasta Chile en una verdadera «ola verde». Un signo sencillo, que lucen en el cuello o en la muñeca, convertido en grito de guerra progresista, de esperanza y de resistencia al patriarcado.

Pero también puede tratarse de palabras valientes, pronunciadas en un momento particular, que acaban convirtiéndose en símbolos. En el contexto de la deriva fascista en Estados Unidos, la obispa de Washington, Mariann Edgar Budde, pronunció un discurso poderoso y memorable durante la inauguración del segundo mandato de Donald Trump, el 21 de enero de 2025. Frente a él, erguida, con la voz pausada pero firme y la mirada clavada en la muchedumbre, se dirigió directamente al presidente en medio de la multitud congregada en la catedral y declaró: «En el nombre de nuestro Dios, le pido que se apiade de las personas de nuestro país que hoy tienen miedo», antes de enumerar a estas, desde los niños LGBTQIA+ hasta los inmigrantes, pasando por los trabajadores precarios: todos los fragilizados por sus discursos de odio y sus políticas de exclusión. Su intervención fue calificada de «mezquina» (*nasty*) por el propio Trump, y ferozmente criticada por sus partidarios, pero perdurará como uno de los raros momentos en los que una autoridad religiosa prominente se dirigió, públicamente y sin ambigüedad, contra un poder en plena deriva autoritaria. Este discurso circuló por las redes sociales y la obispa se descubrió encarnando a su pesar una figura de la resistencia, hasta el punto de que, poco después, se vendieron masivamente camisetas y otros artículos con extractos de su discurso o con su rostro.

Mientras la extrema derecha cultiva sus emblemas, sus iconos, sus encarnaciones, algunos consideran útil recuperar ciertos símbolos de los que esta se ha apoderado, como la bandera francesa o la figura de Juana de Arco, con el fin de no ceder ni una pizca más de terreno al odio y al rechazo en el plano simbólico. La solución también puede pasar por la creación de otros nuevos: encontrar figuras, historias, colores que unan y movilicen. En este campo, quedan muchas cosas por inventar.

Ser creativos en la resistencia

No podemos agotar la creatividad. Cuanto más la utilizamos, más tenemos.

MAYA ANGELOU[214]

Según Tocqueville, la democracia es un proyecto que hace realidad la igualdad de todos salvaguardando la libertad de cada uno por el camino que nos conduce a ella.[215] Y este proyecto se sostiene, se defiende, se mejora permanentemente. La democracia no consiste simplemente en introducir una papeleta en una urna. Es un compromiso ciudadano en la vida cotidiana que puede adoptar múltiples formas: manifestación, implicación asociativa, decisiones de consumo, compartición de información, modo de vida, trayectorias profesionales, etc. En función de nuestros medios, del tiempo del que dispongamos, de nuestra personalidad y de nuestras afinidades, puede asumir múltiples formas. Ya hemos detallado algunas de ellas con anterioridad; me gustaría volver ahora sobre las que quedan por inventar.

Crear nuevos relatos

La imaginación posee esta capacidad extraordinaria de transportarnos a otros lugares, de proponer una alternativa que no sea tan solo una crítica, sino una auténtica revolución de nuestras maneras de vivir juntos. Y esta propuesta no es necesariamente política en el sentido partidista del término. Podemos imaginar futuros en los que el cuidado, la justicia y la benevolencia no sean utopías, sino realidades concretas.

Estas páginas no son el lugar para enumerar a la infinidad de artistas que contribuyen a hacer evolucionar las mentalidades, pero tomemos simplemente un puñado de ejemplos entre los éxitos populares de estos últimos años. En su canción *Eldorado* lanzada en 2016, el rapero LIM llama a la empatía con los refugiados y subraya las condiciones de su difícil periplo. El realizador y escritor Cyril Dion, a través de sus obras poéticas y cinematográficas ancladas en una reflexión en torno a la justicia social y el respeto al medio ambiente, pretende participar de manera activa en la creación de nuevos imaginarios. Un ejercicio ya comenzado por ciertos realizadores, como Coline Serreau desde 1996 con *La Belle verte* (*El planeta libre*), que muestra la relación de asombro de una civilización extraterrestre evolucionada e igualitaria en visita a la Tierra; o, más recientemente, Jean-Pascal Zadi y John Wax con la comedia *Tout simplemente noir*

(*Simplemente negro*), que aborda la cuestión del racismo en un tono humorístico y cosechó un éxito rotundo en 2020. Estas obras dirigidas al gran público, al llegar a un amplio espectro de la sociedad, juegan un papel crucial en la formación de una opinión pública resistente a las ideas de la extrema derecha.

Esta rcapropiación del mundo mediante la imaginación, mediante la creatividad, constituye el requisito previo para nuestras revoluciones futuras, así como la auténtica fuerza de resistencia contra los impulsos de repliegue y de odio. Al cultivar por ejemplo visiones en las que la ecología deviene sinónimo de días felices, en las que la justicia social es una evidencia, los artistas allanan el camino para un futuro en el que cada cual podrá florecer en un mundo donde la extrema derecha simple y llanamente ya no tendrá razón de ser.

Apoyar y apoyarse sin descanso

Son numerosas las personas que presentaron signos de depresión y de ansiedad a raíz del cuasi-ascenso al poder de la RN en julio de 2024.[216] La conciencia política ataca a la salud mental y física, lo queramos o no. Y es que lo que está en juego es nuestro futuro individual y colectivo, incluso nuestra supervivencia cuando pertenecemos a las minorías que son blanco directo de la extrema derecha. Sin retirarnos a una cueva, también hemos de saber tomar distancia, dedicar tiempo para el autocuidado, desconectar de la información continua cuando sintamos la necesidad; ¡y lo dice una periodista adicta a la información!

El tiempo para uno mismo es algo impensable en muchas esferas asociativas, políticas y militantes, descrito con precisión por la periodista Camille Teste en su obra *Politiser le bien-être*:[217] es urgente integrarlo en nuestra reflexión colectiva, porque los militantes quemados son cada vez más numerosos. Ahora bien, podemos resistir cuidando de nosotros mismos como de aquellas y aquellos que luchan. No es nada ridículo ni desdeñable.

Cultivar la alegría

Esto me lleva a mi última observación: ante el ascenso de la extrema derecha y las últimas acciones violentas producidas por la política de manera general, la resistencia no se puede limitar a la indignación ni a la denuncia. En la obra teatral *Las manos sucias*, Jean-Paul Sartre pone en boca de uno de sus personajes:

La resistencia es una negativa a ceder al desaliento.[218]

Yo también creo que para triunfar, para contrarrestar esas ideas de odio, necesitamos alegría. La universitaria y activista por los derechos de las minorías bell hooks llega incluso a afirmar que el amor es una forma de resistencia radical: una práctica cotidiana que transforma y fortalece la sociedad, tornando así obsoletos el odio y el repliegue.[219]

Deseo terminar estas páginas con una nota optimista y entusiasta. En una sociedad en la que el miedo se convierte en el mejor medio para acceder al poder, la confianza en el porvenir y la alegría que sentimos al estar juntos son armas de las que no podemos prescindir, ¡sobre todo si queremos mantenernos a largo plazo! La resistencia no tiene por qué ser sombría y austera. Puesto que nos une, puede ser un espacio de risas, de embeleso y de regocijo. Un lugar donde uno se sienta vivo. Estoy convencida de que la alegría es algo infinitamente serio. Este sentimiento, lejos de ser sensiblero, es una respuesta subversiva a un sistema que intenta aislarnos jugando con nuestros temores. En fechas recientes y a la escala francesa, el colectivo Ibiza, integrado por ciudadanos y representantes electos deseosos de poner de relieve las incoherencias y los abusos de nuestros dirigentes políticos, basó su modo de acción en el humor y el sarcasmo. Así, en 2022, en mitad de una rueda de prensa de la presidenta de la RN, una activista enarboló una pancarta en forma de corazón que representaba a Marine Le Pen y Vladimir Putin. Fue expulsada de manera violenta y el partido se vio obligado a justificar esas impactantes imágenes.

Una simple pancarta azul cielo bastó, pues, para desencadenar un debate sobre los métodos de la extrema derecha y los vínculos de la RN con Rusia. Una parte de los sectores activistas de toda índole reivindican de hecho desde hace mucho tiempo el derecho a reír, bailar y cantar mientras libran importantes batallas. ¿Acaso la intelectual feminista rusa Emma Goldman no declaraba ya a comienzos del siglo pasado: «Si no puedo bailar, no es mi revolución»?

Soy consciente de que este tipo de discurso puede ser acusado de idealismo e ingenuidad. A mi parecer, la resistencia pasa por la capacidad de ignorar estas críticas. La historia lo demuestra: las grandes transformaciones nacen en la cabeza de los soñadores. ¿Los derechos cívicos?, ¿la igualdad entre los sexos? Utopías convertidas en realidades. Así pues, continuamos soñando con combatividad y soñamos en grande. Ser creativo no significa huir de la realidad, sino transformar a golpe de ideas y de acciones. La alegría no es una debilidad, sino un acto de resistencia. Reírnos de sus ideas rancias es ya desarmarlos un poco. No pedimos permiso para imaginar un mundo sin extrema derecha: lo construimos. Ahora. Mientras ellos se aferran al pasado, nosotros inventamos el futuro.

Despertemos |

Dejar asombrada a la catástrofe cuando ve qué poco miedo nos da, ora enfrentarse al poder injusto y ora rebelarse contra la victoria ebria, resistir, plantar cara: ese es el ejemplo que necesitan los pueblos y la luz que los electriza.

VICTOR HUGO[220]

Lo que he querido mostrar en este libro es que no se vuelve indemne de un cambio de paradigma semejante. Si resulta imposible predecir con exactitud lo que haría la extrema derecha al frente del país, es cierto que bascularemos hacia una incertidumbre en la que cabe esperar lo peor. En todos los países en los que ha gobernado esta corriente política, ha desestabilizado la democracia de manera profunda y duradera, a escalas más o menos importantes. Como un buen número de historiadores, investigadores en ciencias sociales o políticas y periodistas antes que yo, mis investigaciones me han conducido a una convicción sólida: con la extrema derecha no se juega, no se la «pone a prueba» por curiosidad o por despecho; es preciso combatirla en todas partes y todo el tiempo en nombre de un ideal: la democracia. Sacrificar los valores de tolerancia y de respeto en el altar del miedo supondría traicionar este valioso legado.

Obstaculizar cada elección votando a candidatos que participen ellos mismos alegremente en la banalización y en el poder creciente de la extrema derecha no es una manera sostenible de crear sociedad. Este círculo mortífero no hace más que retrasar y consolidar la victoria de esta ideología y de sus partidarios, que se nos presenta como inevitable. Lo cierto es que no se trata de una fatalidad, a condición de que rompamos con determinación esta dinámica. Si yo me arriesgo a posicionarme de esta forma, es porque estoy firmemente convencida de que esta ruptura es posible.

Pero el lapso de tiempo que nos queda es muy corto. En este contexto de urgencia, cada acto, cada discusión, cada publicación, cada compartición, cada encuentro cuentan. La mala información no es ineludible, y esto vale para todos los territorios y todas las clases sociales. La verdad, compartida y vivida, es nuestra mejor aliada. El aislamiento tampoco es ineludible, a condición de que nos reunamos, de que recuperemos los vínculos que hemos olvidado, y a condición de que no esperemos al período electoral para despertarnos. Tengo la osadía de creer que este impulso no es ni ingenuo ni utópico. La falta de rea-

lismo está más bien en el lado de quienes, por deses-
peración o por cinismo, abandonan toda brújula moral y dejan paso a la violencia y la intolerancia por
pensar que ello podría mejorar nuestras vidas.

En estas líneas he compilado todo lo que me parecía útil sobre todo en materia de información, puesto
que csc cs mi oficio, pero quedan muchos otros cam-
pos por cultivar y muchas otras resistencias por crear.
Este libro tiene la ambición de ser una pequeña piedra
en el pie de un inmenso edificio de resistencias plura-
les, que hemos de consolidar e inventar. No aspira a
inventariarlas todas ni a establecer una jerarquía entre
ellas; simplemente pretende incitar al movimiento, y
deprisa.

Salimos de una larga etapa en la que la democracia
parecía asentada e inamovible. Hoy somos conscientes
de que esta puede tambalearse en cualquier momento. Necesita que los ciudadanos estén detrás de ella
para continuar existiendo. Y los ciudadanos somos
nosotros. Tenemos el poder de protegerla, de volver-
la robusta y más viva. Nosotros somos la democracia.

Imaginemos una conversación con las generaciones futuras. ¿Qué les diremos? ¿Habremos estado a la
altura del desafío al que hoy nos enfrentamos? ¿Habremos preservado esta frágil llama que es la democracia para poder transmitírsela, más viva todavía?

Hoy apuesto a que sí. Porque habremos sabido *resistir* juntos.

Para seguir leyendo

Ben Brahim, Achraf, *Pourquoi l'extrême droite domine la toile. Le grand remplacement numérique*, La Tour d'Aigues, L'Aube, 2023.

Cagé, Julia, *Le Prix de la démocratie*, París, Folio, 2020 (trad. cast.: *El precio de la democracia*, Ciudad de México, México, Grano de Sal, 2022).

Cagé, Julia y Thomas Piketty, *Une histoire du conflit politique. Élections et inégalités sociales en France (1789-2022)*, París, Seuil, 2023.

Chapoutot, Johann, *Fascisme, nazisme et régimes autoritaires en Europe (1918-1945)*, París, PUF, 2013.

Chavalarias, David, *Toxic Data. Comment les réseaux manipulent nos opinions*, París, Champs, 2023.

Colon, David, *Propagande. La manipulation de masse dans le monde contemporain*, París, Flammarion, 2021.

Corcuff, Philippe, *La Grande Confusion. Comment l'extrême droite gagne la bataille des idées*, París, Textuel, 2021.

Dross, Juliette, *L'Art rhétorique. Petit Manuel pour un usage éclairé de la parole*, París, Armand Colin, 2023.

Eco, Umberto, *Reconnaître le fascisme*, París, Grasset, 1997 (trad. cast.: *Contra el fascismo*, Barcelona, Lumen, 2018).

Édin, Vincent, *En finir avec les idées fausses propagées par l'extrême droite*, Ivry-sur-Seine, L'Atelier, 2023.

Faury, Félicien, *Des électeurs ordinaires*, París, Seuil, 2022.

Foessel, Michaël, *Récidive. 1938*, París, PUF, 2019.

Gentile, Emilio, *Qu'est-ce que le fascisme?*, París, Folio, 2004 (trad. cast.: *Fascismo: historia e interpretación*, Madrid, Alianza, 2004).

Hessel, Stéphane, *Indignez-vous*, Montpellier, Indigène, 2010 (trad. cast.: *¡Indignaos! Un alegato contra la indiferencia y a favor de la insurrección pacífica*, Barcelona, Destino, 2011).

Huchon, Thomas y Jean-Bernard Schmidt, *Anti fake news. Le libre indispensable pour démêler le vrai du faux*, París, First, 2022.

Kovach, Bill y Tom Rosenstiel, *Principes du journalisme. Ce que les journalistes doivent savoir, ce que le public doit exiger*, París, Les Arènes, 2011 (trad. cast.: *Los elementos del periodismo: todo lo que los periodistas deben saber y los ciudadanos esperar*, Barcelona, Aguilar, 2014).

Magal, Marylou y Nicolas Massol, *L'Extrême Droite, nouvelle génération*, París, Tallandier, 2023.

Novel, Anne-Sophie, *Mieux s'informer*, Arles, Actes Sud, 2023.

Palheta, Ugo, *La Possibilité du fascisme*, París, La Découverte, 2018.

Pavloff, Franck, *Matin brun*, Devesset, Cheyne, 2002 (trad. cast.: *Mañana parda*, Barcelona, El Aleph, 2003).

Plenel, Edwy, *L'Appel à la vigilance: face à l'extrême droite*, París, La Découverte, 2023.

Plottu, Pierre y Maxime Macé, *Pop fascisme. Comment l'extrême droite a gagné la bataille culturelle en ligne*, París, Divergences, 2024.

Popovic, Srdja, *Comment faire tomber un dictateur quand on est seul, tout petit, et sans armes*, París, Payot, 2016 (trad. cast.: *Cómo hacer la revolución: instrucciones para cambiar el mundo*, Barcelona, Malpaso, 2016).

Rousseau, Juliette, *Lutter ensemble*, París, Cambourakis, 2017.

Teste, Camille, *Politiser le bien-être*, París, Binge Audio, 2023.

Tiberj, Vincent, *La Droitisation française. Mythe et réalités*, París, PUF, 2024.

Viktorovitch, Clément, *Le Pouvoir rhétorique. Apprendre à convaincre et à décrypter les discours*, París, Seuil, 2023.

Winock, Michel, *Histoire de l'extrême droite en France*, París, Seuil, 1994.

Agradecimientos

Gracias a todas y a todos los que, por todas partes, resisten a su manera.

Gracias infinitas a Laure-Hélène Accaoui, mi editora, que aceptó seguirme en este proyecto y cuyas grandes cualidades de escucha y de acompañamiento soy incapaz de describir, por no hablar de su creatividad en todas las situaciones.

Gracias a Eliot, mi amigo de siempre, que se ha involucrado de forma extraordinaria en la escritura de esta pequeña obra. Gracias por las investigaciones, las verificaciones, las propuestas de subtítulos (como el guiño a la saga de OSS 117 con «¿Sabe usted al menos lo que es una dictadura, Dolorès?»). Gracias por estar ahí en todo momento.

Gracias a Mélissa, mi otra amiga de siempre, que ha dejado pasar claramente la oportunidad de hacer una carrera de editora. Gracias por esa finura y por haberme evitado quemar el segundo capítulo.

Gracias a Nicolas por su paciencia, su inteligencia y su vivacidad, además de permitirme *vivir mejor*.

Gracias a Noémie por su estilo corrosivo, así como a Raphaëlle por sus luminosas observaciones.

Gracias a Victoria por sus sugerencias constructivas, sus recomendaciones de listas de reproducción y sus llamadas tranquilizadoras.

Gracias a Vincent por sus comentarios incisivos. Gracias igualmente por el humor y la burrata (no diré con qué).

Gracias a mi segunda familia, que me ha acogido, alimentado y alojado durante el proceso de escritura. Mención especial a Antoine por esta propuesta de título, «Resistir, demostrar que existes», que, por desgracia, no ha prosperado.

Gracias a Alexis por su brillante revisión, a Marianne por sus atentas verificaciones y a Johann por sus esclarecedores análisis sobre el fascismo.

Gracias a Charlie, la mejor cocinera que conozco y un firme apoyo durante las elecciones legislativas.

Gracias a todo el equipo de *Blast* que me permite ejercer esta magnífica profesión con total libertad, en particular a Paloma, con quien he trabajado mucho sobre el tema: gracias por su inquebrantable apoyo moral, además de una agudeza intelectual fuera de lo común.

Notas

1. Desde 2015 este sitio web de extrema derecha alojado en Rusia promueve la violencia masiva ante sus suscriptores recurrentes. En una de sus últimas publicaciones, el autor, cuya identidad no se conoce con certeza, asegura ver «con un inmenso placer, el próximo "Bataclan"». Llama con regularidad al asesinato de miembros de la sociedad civil, como Pierre Hoffman, el presidente del Colegio de Abogados de París, que se merecería, cito, «¡ser el primero cuya cabeza caiga en el cesto!». Un fenómeno descrito en este artículo: «"Réseau libre": que sait-on de ce site qui appelle à tuer avocats et élus de gauche?», *La Croix*, 9 de julio de 2024.

2. Jean-Michel Décugis, «Edwy Plenel et la directrice générale de *Mediapart*, visés par un canal numérique d'extrême droite, portent plainte», *Le Parisien*, 3 de julio de 2023.

3. Comunicado de «Solidarité avec Pierre Plottu, journaliste menacé par l'extrême droite» publicado por la Sociedad de Periodistas y Personal de *Libération* el 21 de junio de 2022.

4. Sindicato Nacional de Periodistas, «Draguignan: un journaliste menacé de mort par l'extrême droite», 7 de julio de 2022.

5. Émilien Urbach, «Mireille Damiano, l'avocate des réfugiés», *L'Humanité*, 18 de julio de 2017.

6. «Menacer l'avocate de l'imam Iquioussen, c'est attaquer l'État de droit», tribuna publicada por un colectivo de abogados en *Libération*, 9 de septiembre de 2022.

7. David Metaxas en Twitter el 3 de febrero de 2023: «Ya no estamos solo ante las injurias y las amenazas de muerte contra un abogado, sino ante un llamamiento al asesinato contra un abogado. En Francia, el 2 de febrero de 2023».

8. «Meeting d'Éric Zemmour: des militants antiracistes agressés par des participants», *Le Monde* con AFP, 5 de diciembre de 2021.

9. Maxime Macé y Pierre Plottu, «À Poitiers, l'extrême droite menace à domicile», *Libération*, 21 de diciembre de 2023.

10. Fundación Jean-Jaurès, *La menace terroriste issue de l'ultradroite en France et en Europe*, 9 de mayo de 2023.

11. La democracia es evidentemente un concepto muy amplio y sometido a diferentes interpretaciones. En estas páginas me refiero a la democracia «a la francesa». La República democrática francesa funciona bajo el principio de la soberanía popular, principio según el cual el poder dimana del pueblo, que lo ejerce por medio de representantes electos. El sistema se basa en la separación de poderes entre el ejecutivo, el legislativo y el judicial (mediante tribunales independientes). Los ciudadanos participan en la vida política a través de elecciones periódicas y libres, así como con otras formas de compromiso cívico. Este modelo tiene como objetivo garantizar las libertades fundamentales, la igualdad ante la ley y la fraternidad, promoviendo el interés general y la laicidad del Estado.

12. *Gais-z-et-Contents. Journal d'une Parisienne*, tomo 3, París, Seuil, 1997.

13. Jean-Yves Camus y Nicolas Lebourg, *Les Droites extrêmes en Europe*, París, Seuil, 2015 (trad. cast.: *Las extremas derechas en Europa: nacionalismo, populismo y xenofobia*, Madrid, Clave Intelectual, 2020).

14. Cécile Alduy y Stéphane Wahnich, *Marine Le Pen prise aux mots. Décryptage du nouveau discours frontiste*, París, Seuil, 2015.

15. Para profundizar en este asunto, léanse los trabajos de Nonna Mayer, Benjamin Biard o Jean-Yves Camus. Nicolas Lebourg, especialista en esta corriente y referencia universitaria en la materia, ofrece por su parte esta definición en el diario *Le Monde* sobre la organización de esta corriente: «En el interior, el proyecto es organicista, es decir, que defiende la idea de que la sociedad funciona como un ser vivo y que se trata de regenerar esta comunidad unitaria, basada en la etnia, la nacionalidad o la raza. En el exterior, las extremas derechas desean refundar el orden de las relaciones internacionales.»

16. «Le FN, un national populisme», *Le Monde*, 5 de octubre de 2013.

17. Kenan Malik, «Appelons les choses par leur nom: l'extrême droite reste l'extrême droite», *Courrier international*, 28 de junio de 2024.

18. Consejo de Estado del 11 de marzo de 2024, nº 488378 – En este caso, el partido solicitaba la anulación de una circular que prescribía la vinculación del partido político Agrupación Nacional al bloque de la «extrema derecha».

19. «Le Rassemblement national peut être rattaché à l'extrême droite, confirme le Conseil d'État», *Le Monde* con AFP, 11 de marzo de 2024.

20. Ejército racial y político concebido por Heinrich Himmler en 1939 que fue responsable de los peores crímenes de guerra durante la Segunda Guerra Mundial.

21. Organización paramilitar creada en 1943 por el régimen de Vichy para reemplazar a la Gestapo en la persecución de los judíos y los miembros de la resistencia. Aparte de sus actividades de mantenimiento del orden, esta organización antirrepublicana aspiraba a ser el partido único del Estado francés.

22. Frase célebre de OSS 117 en la película *Rio ne répond plus* (*Perdido en Río*) de Michel Hazanavicius, estrenada en 2009.

23. Joëlle Stolz, «Marine Le Pen, invitée d'honneur au bal de l'extrême droite européenne à Vienne», *Le Monde*, 28 de enero de 2012, y Blaise Gauquelin, «Valse brune à Vienne», *Libération*, 8 de enero de 2012.

24. Precisemos que una posición semejante es considerada por los historiadores como revisionista y, por tanto, indiscutiblemente falsa. «Rafle du Vél d'Hiv: ce qu'a dit Marine Le Pen», *Le Monde*, 10 de abril de 2017.

25. Según ella, decir que su partido fue creado por antiguos colaboracionistas es «una mentira histórica» y hablar del antisemitismo de su padre es una «manipulación política»: Charlotte d'Ornellas y Jules Torres, «Marine Le Pen au *JDD*: "La classe politique manque malheureusement de grandeur"», *Le Journal du Dimanche*, 12 de noviembre de 2023.

26. En BFMTV el 5 de noviembre de 2023: «Yo no creo que Jean-Marie Le Pen fuese antisemita». Frente a la polémica, Bardella había reconocido finalmente «una torpeza».

27. Chez Pol, «Extrême droite: quand Jean-Marie Le Pen était condamné pour "antisémitisme insidieux"», *Libération*, 10 de noviembre de 2023.

28. Livret Justice del Sindicato de Abogados de Francia realizado en el marco de las elecciones legislativas de 2024.

29. Esto afectaría a 3,3 millones de franceses, que podrían perder el derecho a ejercer ciertas profesiones en la Administración Pública en caso de aplicación de este proyecto de ley. Fue Sébastien Chenu quien anunció esta medida el 13 de junio de 2024, antes de replantearse esta posición frente a la protesta suscitada por el anuncio. La doble nacionalidad

está, sin embargo, en el punto de mira de la RN desde siempre, ya sea a través de la limitación del acceso a ciertas funciones en este ejemplo reciente, ya a través de su prohibición pura y simple, defendida durante mucho tiempo, que figura todavía en los 114 compromisos de Marine Le Pen para las elecciones presidenciales de 2017: se trata entonces de «suprimir la doble nacionalidad extraeuropea». Después, en 2022, Marine Le Pen propone revisar la Constitución para incluir esta propuesta: «La ley puede prohibir el acceso a empleos de las administraciones, de las empresas públicas y de las personas jurídicas encargadas de una misión de servicio público a las personas que poseen la nacionalidad de otro Estado», lo cual no deja claro si afecta o no a quienes poseen doble nacionalidad.

30. Artículo 21-5 párrafo 1º del Código Civil: «Todo niño nacido en Francia de padres extranjeros adquiere la nacionalidad francesa al alcanzar la mayoría de edad si en esa fecha reside en Francia y si ha tenido su residencia habitual en Francia durante un período continuo o discontinuo de al menos cinco años, desde los once años de edad».

31. «Législatives: les "brebis galeuses" de Bardella sont désormais au moins une centaine», *Mediapart*, 2 de julio de 2024.

32. Maxime Macé y Pierre Plottu, «Candidats RN racistes, antisémites ou complotistes: une trentaine de "brebis galeuses" élues députées, au moins une cinquantaine défaites», *Libération*, 8 de julio de 2024.

33. Artículo 1º de la Constitución del 4 de octubre de 1958.

34. Párrafo 12 del preámbulo de la Constitución del 27 de octubre de 1946.

35. Jordan Bardella, «Je veux m'adresser à toutes les femmes de France», *X*, tuit publicado el 17 de junio de 2024.

36. Christophe Gueugneau, «IVG dans la Constitution: le Rassemblement national, comme sa cheffe Marine Le Pen, louvoie», *Mediapart*, 24 de noviembre de 2022.

37. Por aquel entonces, Marine Le Pen defiende la denegación de reembolso de la interrupción voluntaria del embarazo por la Seguridad Social, con el fin, según ella, de disuadir a las mujeres que se entregarían a «abortos por comodidad».

38. En 2018, los diputados de la RN se abstuvieron en la votación de la ley para reforzar la lucha contra las violencias sexistas y sexuales. En 2021, todos los eurodiputados de la RN votaron en contra de una resolución para reforzar la lucha contra el acoso sexual en el seno de las instituciones de la Unión Europea. En 2023, varios diputados de la RN votaron en contra de una proposición de ley destinada a reforzar el acceso de las mujeres a las responsabilidades en la función pública.

39. Jean-Marie Le Pen calificaba la homosexualidad «de anomalía biológica y social», comparaba a las personas afectadas por el sida con «leprosos» y quería internarlos por la fuerza: Clément Parrot, «Le Front national est-il vraiment devenu "gay friendly"?», *France TV Info*, 12 de marzo de 2017.

40. Si hoy se proclama «gay friendly» y cuenta con personas homosexuales entre sus cuadros, la RN se opone todavía con firmeza a la adopción por parejas del mismo sexo, así como a la reproducción asistida para las mujeres en pareja homosexual (*ibid.*).

41. En un informe de la asociación Forbidden Colours que analizó los votos de la extrema derecha en el Parlamento Europeo, se pone de manifiesto que los diputados de la RN se opusieron a ocho de los nueve textos relativos a la defensa de los homosexuales votados estos últimos años: abstenciones con ocasión de la denuncia de las «zonas anti-

LGBT» en Polonia, de la homofobia en Hungría o incluso del asesinato de un homosexual en Eslovaquia, por no hablar de la pena de muerte para la «homosexualidad agravada» en Uganda, que la RN se negó a condenar. Véase «Queer your EU, une évaluation de ce que les institutions de l'UE ont fait pour les personnes LGBTIQ+ de 2019 à 2024», Forbidden Colours, abril de 2024.

42. El partido se ha mostrado ferozmente opuesto a las leyes que permiten el reconocimiento legal del género de las personas trans sin intervención quirúrgica, al tiempo que retoma con regularidad la retórica tránsfoba que pone en guardia contra los «peligros» para los niños de las identidades transgénero.

43. Élodie Forêt, «Le RN lance une association pour combattre "le poison wokiste" qui met en "danger la civilisation"», France Inter, 12 de abril de 2023.

44. Una pregunta formulada a la salida de un salón de empresarios le valió golpes e insultos por parte del servicio de orden de Marine Le Pen. Un episodio grabado y difundido en *Quotidien* el 1 de febrero de 2017.

45. En unas imágenes filmadas por BFMTV el 1 de mayo de 2015, puede verse a Bruno Gollnisch asestar un violento golpe con su paraguas al equipo de periodistas mientras intenta agarrar la pértiga del técnico de sonido, antes de ser frenado en su impulso por el servicio de orden del partido de extrema derecha, en «Défilé FN: Quand Bruno Gollnisch agresse des journalistes de Canal+», *BFMTV*, 1 de mayo de 2015.

46. Emma Poesy, «Harcèlement des journalistes: "On sent bien qu'un sentiment de puissance est à l'œuvre à l'extrême droite"», *Télérama*, 16 de julio de 2024.

47. Matthieu Quentin, «Le Rassemblement national rejoint le

nouveau groupe d'extrême droite créé par Viktor Orbán au Parlement européen», *Toute l'Europe*, 9 de julio de 2024.

48. Firmó en 2021 con las extremas derechas de numerosos países europeos un texto con vocación de «poner la primera piedra» de una «gran alianza» en el Parlamento. Véase Jean-Baptiste Chastand, Jérôme Gautheret, Virginie Malingre y Jean-Pierre Stroobants, «L'extrême droite européenne signe une déclaration commune autor d'Orban, Salvini et Le Pen, mais sans s'unir au Parlement», *Le Monde*, 3 de julio de 2021. Por otra parte, el sitio web de información *Euractiv*, especializado en las cuestiones europeas, afirma que Marine Le Pen hizo una invitación a Giorgia Meloni para formar un grupo de extrema derecha europeo. Véase Max Griera, «Européennes 2024: Marine Le Pen et Giorgia Meloni doivent "guider" les souverainistes, selon l'extrême droite roumaine», *Euractiv*, 28 de mayo de 2024.

49. Al menos hasta que Donald Tusk lo ponga en minoría a raíz de las elecciones parlamentarias de octubre de 2023. Mateusz Morawiecki no dejará su puesto hasta diciembre, tras haber intentado una última votación de confianza contra una oposición que reunía más de la mitad de los votos.

50. En Polonia, Mateusz Morawiecki tomó el control del tribunal constitucional antes de establecer un sistema jurídico paralelo con dos mil jueces de dudosa legitimidad que le permitía eludir la Constitución. Lo mismo en el caso de Giorgia Meloni, que comenzó a modificar la Constitución a fin de reforzar sus poderes como jefa del ejecutivo, y en el del Fidesz húngaro, que realizó una serie de reformas y de acciones destinadas a debilitar la independencia del poder judicial. Véase «Les nouvelles réformes de Viktor Orban provoquent un tollé en Hongrie», *Euractiv*, 13 de diciembre de 2018.

51. Viktor Orbán transfirió cerca de quinientos medios de comunicación a una fundación progubernamental y se cerraron muchos periódicos de oposición. En Polonia, el Gobierno tomó el control de los medios públicos y ejerció presiones financieras y normativas sobre los medios críticos. En Italia, la televisión pública sufre un control «asfixiante» por parte del Gobierno.

52. Además, el acceso a la interrupción voluntaria del embarazo no está garantizado. La ley aprobada en 2024 permite hoy en día al personal sanitario registrarse como objetor de conciencia y negarse a practicar el aborto.

53. France Inter, «En Hongrie, les femmes qui souhaitent avorter devront désormais écouter le cœur du fœtus», 15 de septiembre de 2022.

54. Con la excepción de estos casos particulares: los profesionales de la salud en Polonia solo pueden practicar abortos si la vida o la salud de la madre embarazada están amenazadas o si el embarazo es fruto de una violación. Sin embargo, se niegan con frecuencia a practicar incluso los abortos legales, a causa del efecto «disuasorio» de la ley, y varias mujeres ya han hallado la muerte por este motivo. Véase Amnistía Internacional, «Pologne. Le vote en faveur de la modification de la loi est une avancée considérable en vue d'assurer l'accès à un avortement sûr et légal», 12 de abril de 2024.

55. Fabien Cazenave, «Hongrie. Ce que contient la loi anti-LGBT qui entre en vigueur ce jeudi 8 juillet», *Ouest-France*, 7 de julio de 2021.

56. Esta situación autoriza a los comercios a negar la entrada o el servicio a personas que «exhiban» su homosexualidad. Por ejemplo, una pareja del mismo sexo puede ver cómo le deniegan el acceso a una tienda simplemente por ir de la mano. Además, esto permite a las autoridades locales suprimir toda

financiación pública a eventos u organizaciones que apoyen a la comunidad LGBT+, como las marchas del orgullo.

57. El Gobierno de Meloni, cuya divisa se resume en «Dios, patria, familia», declaró en el otoño de 2024 la gestación subrogada un «delito universal» punible con un millón de euros de multa y dos años de cárcel, y aparta a las madres «sociales» (que no han gestado al niño) del estado civil del niño, denegándoles así todo derecho de maternidad. Laure Giuily, «Italie: Giorgia Meloni criminalise la GPA», *La Croix*, 17 de octubre de 2024.

58. Corentin Lesueur, «Au Parlement européen, le RN, soutien constant des régimes autoritaires», *Le Monde*, 17 de abril de 2024.

59. Aliada cercana de Rusia, Bielorrusia se beneficia sistemáticamente de la abstención de los eurodiputados de la RN cuando, estos últimos años, se trataba de denunciar «el trato inhumano y la hospitalización» de un líder de la oposición (11 de mayo de 2023) o una «nueva oleada de detenciones masivas» contra activistas de la oposición (8 de febrero). China se beneficia en esos mismos terrenos. En decenas de votaciones, la RN ha votado a favor una sola resolución, el 17 de enero. Jamás ha prestado su apoyo a textos que se preocupan, por ejemplo, por los trabajos forzosos y la situación de los uigures (abstención el 17 de diciembre de 2020), por las violaciones de las libertades fundamentales en Hong Kong (oposición el 20 de enero de 2022) o por el secuestro de niños tibetanos y por las «prácticas de asimilación forzosa» (abstención el 14 de diciembre de 2023).

60. Timothy Snyder, *Sur la tyrannie. Vingt leçons du XXe siècle*, París, Gallimard, 2017 (trad. cast.: *Sobre la tiranía: veinte lecciones que aprender del siglo XX*, Barcelona, Galaxia Gutenberg, 2017).

61. Intervención de Évelyne Sire-Marin, «État de Droit, État de quel droit?», coloquio del 6 de mayo de 2022, *La Fin de l'État de Droit en France, une réalité?*, organizado por el Sindicato de Abogados de Francia, el Sindicato de la Magistratura y el Sindicato Nacional de Periodistas.

62. La Constitución del 4 de octubre de 1958 que engloba asimismo la Declaración de los Derechos del Hombre y del Ciudadano de 1789 (derechos fundamentales), el preámbulo de la Constitución de 1946 (derechos sociales), y la Carta del Medio Ambiente de 2004 (derechos medioambientales).

63. Artículo 21 de la Constitución del 4 de octubre de 1958.

64. Artículo 49 párrafo 3 de la Constitución del 4 de octubre de 1958.

65. Artículo 16 de la Constitución del 4 de octubre de 1958.

66. Artículo 12 de la Constitución del 4 de octubre de 1958.

67. Artículo 61 de la Constitución del 4 de octubre de 1958.

68. RFI, «L'État de droit, cible regulière de l'extrème droite en France comme en Europe», 3 de julio de 2024.

69. Está incluido en su programa de 2024: «Ampliar el turno de acceso libre a la magistratura a profesionales del derecho (universitarios, abogados, antiguos policías, etc.)».

70. Grégoire Biseau y Jérôme Lefilliâtre, «Après la condamnation de Marine Le Pen, la justice fait bloc face aux "réactions virulentes" et aux "menaces"», *Le Monde*, 2 de abril de 2025.

71. Michel Foessel, *Récidive 1938*, París, PUF, 2019.

72. «Johann Chapoutot, historien: "Le RN a changé": c'est ce qu'on disait des nazis avant leur venue au pouvoir», extracto de entrevista publicada el 22 de marzo de 2024 en el canal de YouTube #AuPoste.

73. Palabras pronunciadas en el programa *À l'air libre* durante una emisión especial «Face à la vague brune, faisons barrage» en *Mediapart*, el 2 de julio de 2024.

74. «Freedom in the World 2025: Uphill Battle to Safeguard Rights», Freedom House, 2025.

75. Michel Coppedge, Staffan I. Lindberg y Tom Ginsburg, «V-Dem Democracy Report 2025», V-Dem Institute, 2025.

76. El resultado de la votación era muy incierto. La noche de la primera vuelta el 4 de mayo de 2025, el candidato de extrema derecha George Simion había ocupado la primera posición con el 41 % de los votos, distanciándose muy ampliamente de Nicuşor Dan, el candidato centrista (21 %). Finalmente, este último había ganado las elecciones como consecuencia de la formación de una amplia coalición. El contexto estaba tenso: las elecciones presidenciales, previstas en un principio para noviembre de 2024, fueron anuladas entre las dos vueltas por el Tribunal Constitucional rumano, a causa de una injerencia demostrada de Moscú en favor de Călin Georgescu, candidato nacionalista, eurófobo y respaldado por el Kremlin, que había obtenido la primera posición en la primera vuelta.

77. Informe del CARR, Centre for Analysis of the Radical Right (Centro para el Análisis de la Derecha Radical), 2020.

78. Umberto Eco, *Reconnaître le fascisme*, París, Grasset, 1997 (trad. cast.: *Contra el fascismo*, Barcelona, Lumen, 2018).

79. Stéphane Audoin-Rouzeau, citado por André Larané, «L'Amérique en crise: "Le trumpisme est-il un fascisme?"», herodote.net, 17 de marzo de 2025.

80. Cita atribuida a Voltaire según un pasaje de la *Collection de lettres sur les miracles* publicada en 1765: «Ciertamente, quien tiene derecho a hacerte absurdo, tiene derecho a hacerte injusto».

81. Término utilizado para designar a grupos pertenecientes ideológicamente a la extrema derecha y susceptibles de re-

presentar una amenaza para el orden público por sus actuaciones fuera del ámbito político. Véase la audiencia de Nicolas Lebourg, en el dictamen de Muriel Ressiguier, elaborado en nombre de la comisión de investigación sobre la lucha contra los grupúsculos de extrema derecha en Francia, nº 2006, registrado en la presidencia de la Asamblea Nacional el 6 de junio de 2019.

82. Vivienne Badaan y John T. Jost, «Conceptual, empirical, and practical problems with the claim that intolerance, prejudice, and discrimination are equivalent on the political left and right», *Current Opinion in Behavioral Sciences*, nº 34, 2020, págs. 229-238.

83. Podemos mencionar asimismo el ataque a un centro cultural islámico en Oslo (un herido), otro en una sinagoga y un restaurante turco en Halle en Alemania (un muerto); más recientemente, en 2020, otro en dos bares de cachimba en Hanau, también en Alemania (9 muertos).

84. «Anders Ravik Jupskas, politiste: "La violence d'extrême droite gagne du terrain en France"», *Le Monde*, 22 de abril de 2024.

85. Romain Brunet, «En France, une menace terroriste d'extrême droite en nette progression», *France 24*, 5 de abril de 2023.

86. «Mort de Clément Méric: les deux accusés skinheads condamnés en appel à huit et cinq ans de prison», *Le Monde* con AFP, 4 de junio de 2021.

87. Gaël Simon, «Attaques au marteau: 4 mois d'errance d'un adolescent entre Chalon-sur-Saône et Dijon», *France TV Info*, 1 de mayo de 2021.

88. Generación Identitaria es un movimiento de extrema derecha fundado en Francia en 2012 que preconiza la defensa de la identidad europea y francesa contra la inmigra-

ción y la islamización. Conocido por sus acciones provocadoras, como operaciones anti-migrantes, el grupo ha sido acusado de promover ideas racistas y xenófobas. En marzo de 2021 el Gobierno francés disolvió Generación Identitaria por considerar que sus actividades incitaban al odio y a la violencia.

89. Luc Leroux, «Des peines de prison ferme prononcées contre des membres de Génération identitaire», *Le Monde*, 20 de octubre de 2022.

90. «Attaque de la mosquée de Bayonne: le suspect voulait "venger la destruction" de Notre-Dame de Paris», *Le Monde* con AFP, 29 de octubre de 2019.

91. Manon Claverie, «Federico Martín Aramburú tué par balles: ce que l'on sait deux ans après la mort de l'ancient rugbyman», *France Bleu Pays basque*, 19 de marzo de 2024.

92. Christophe Ayad, «Dans la tête de William Malet, le tueur de la rue d'Enghien», *Le Monde*, 4 de abril de 2023.

93. Vincent Gautronneau, «Un jeune catholique intégriste en garde à vue après l'attaque à l'explosif d'un centre LGBT de Tours», *Le Parisien*, 1 de junio de 2023.

94. Como cuando Gérald Darmanin, a la sazón ministro del Interior, había arremetido por ejemplo contra el peligro representado por los «ecoterroristas». Nicolas Truong, «L'"écoterrorisme", une arme politique pour discréditer la radicalité écologiste», *Le Monde*, 17 de mayo de 2023.

95. Soren Seelow, «Alexandre Gilet, le jeune néonazi fasciné par les djihadistes qui voulait "faire pire que le Bataclan"», *Le Monde*, 19 de junio de 2023.

96. La Organización del Ejército Secreto, u Organización Armada Secreta, conocida sobre todo por las siglas OAS, es una organización terrorista clandestina francesa próxima a la extrema derecha, creada el 11 de febrero de 1961 para la

defensa de la presencia francesa en Argelia por todos los medios, incluidos el terrorismo a gran escala.

97. Christophe Ayad, «Entre cinq et neuf ans de prison pour les six membres du groupuscule d'ultradroite OAS», *Le Monde*, 12 de octubre de 2021.

98. Franck Johannès, «Au procès des Barjols, neuf des treize prévenus relaxés», *Le Monde*, 17 de febrero de 2023.

99. «En expansion, la menace terroriste d'extrême droite alarme les services de renseignement», *Mediapart*, 4 de junio de 2025.

100. Marie Boëton et Marianne Meunier, «Terrorisme d'ultradroite, l'autre menace», *La Croix*, 21 de mayo de 2021.

101. Benjamin König, «Législatives 2024: comment le RN est-il devenu le catalyseur des violences en France?», *L'Humanité*, 4 de julio de 2024.

102. Ministro encargado de los territorios de ultramar, interrogado por la Asamblea Nacional en abril de 2023 en sustitución de Gérald Darmanin, que se había sustraído.

103. *Le Parisien* contabilizó 51 en tres semanas. A este respecto, *Libération* observaba el 18 de junio pasado: «Mientras que el partido lepenista está a las puertas del poder, gracias a la disolución de la Asamblea Nacional, los radicales de extrema derecha sienten claramente que les crecen alas y hablan con los puños».

104. En particular, a través de Axel Loustau y Frédéric Chatillon, dos allegados de Marine Le Pen: ambos exmiembros del Grupo de Defensa de la Unión (GUD), conocido por su violencia y disuelto en 2024. Axel Loustau fue tesorero de Jeanne, el micropartido de Marine Le Pen, y consejero regional de Île-de-France entre 2015 y 2021, y Frédéric Chatillon, uno de los artífices del Frente Nacional, seguía recibiendo salarios de la Agrupación Nacional durante la

campaña de 2017 (Camille Vigogne Le Coat, «Frédéric Chatillon: l'ami "exilé" de Marine Le Pen toujours très connecté au RN», *L'Express*, 21 de mayo de 2023). En mayo de 2023, Loustau participó en una manifestación neofascista, y Chatillon lo apoyó públicamente. Ante las críticas, Marine Le Pen acabó desvinculándose de ellos. Cabe recordar también que Marine Le Pen no dudó en apoyar al grupo Generación Identitaria, calificado de extrema derecha cuando fue disuelto por incitar a la violencia racista en 2021.

105. U.S. Senate Committee on Homeland Security and Governmental Affairs, «Executive Summary: Majority Staff Report on Domestic Terrorism and Social Media», *Majority Report*, 16 de noviembre de 2022.

106. «Germany arrests five teenagers over alleged right-wing extremist plot and attacks», *Euronews*, 21 de mayo de 2025.

107. «German police arrest teenage neo-Nazis for alleged attacks on migrants», *The Guardian*, 21 de mayo de 2025.

108. «Terrorgram: la nébuleuse suprémaciste dopée à l'accélérationnisme», *France 24*, 10 de septiembre de 2024.

109. «Vigilante Attacks on Minoritized Neighborhoods Spark Fears of Domestic Terrorism in New Orleans», *The Guardian*, 12 de enero de 2025.

110. Andrew Goudsward, «US says alleged white supremacists tried to use Telegram to spark race war», Reuters, 10 de septiembre de 2024.

111. Joseph Cox, «Neo-Nazi "Active Clubs" Are Rising Around the World», VICE, 10 de julio de 2024.

112. Accelerationism Research Consortium, «Accelerationism: The Active Club Network», Global Network on Extremism & Technology, 25 de julio de 2024.

113. Ideología que se inspira en los boletines de noticias publicados por el neonazi estadounidense James Mason en los años 1980 y que preconizan ataques y asesinatos aleatorios contra las minorías a fin de desestabilizar la sociedad. Se trata de una cultura de terrorismo sin jefe, estructurado en células para permitir la «revolución blanca» (desmantelamiento de las instituciones para abrirse a una dominación por los «blancos»).

114. Simon Piel et Franck Johannès, «Nicolas Lebourg: "Les accélérationnistes pensent qu'il faut hâter la guerre raciale pour que les Blancs y survivent», *Le Monde*, 27 de mayo de 2021.

115. Entrevista en el documental *Un certain regard*, ORTF, 1974.

116. Alain de Benoist, director de la revista *Éléments*, calificaba su defensa ideológica de la civilización europea de «gramscismo de derechas». Nicolas Truong, «L'hégémonie culturelle, mère de toutes les batailles politiques», *Le Monde*, 30 de octubre de 2019.

117. Nicole Vulser, «Et Vivendi finit par avaler Lagardère», *Le Monde*, 21 de noviembre de 2023.

118. La Autoridad Reguladora de la Comunicación Audiovisual y Digital (antiguo Consejo Superior de lo Audiovisual) es una autoridad pública independiente encargada de garantizar la libertad de comunicación y el respeto de las leyes en el sector audiovisual, supervisando especialmente el respeto de la deontología periodística y de los tiempos de intervención asignados a cada candidato en período electoral.

119. Decisión n° 2024-582 del 27 de junio de 2024 que requiere a la sociedad Europa 1 Télécompagnie.

120. A imagen de *La Furia*, la revista de Papacito (condenado por injurias homófobas e incitación a la violencia) o de la

revista de extrema derecha *Livre noir* (que se convertiría en *Frontières*).

121. «*JDD*: Des anciens du journal lancent une association pour l'indépendance des médias», *20 Minutes* con AFP, 9 de octubre de 2023.

122. Clea Chakraverty, «La crise politique que nous vivons prouve la réussite du combat civilisationnel mené par Vincent Bolloré», *The Conversation*, 16 de junio de 2024.

123. La Agence France-Press toma el relevo de Havas en 1944 en su papel de recopilación, verificación, cotejo y difusión de una información neutral y factual destinada a ser utilizada por todo tipo de medios de comunicación (prensa escrita, radio, televisión, sitios web).

124. Un análisis confirmado por el historiador de los medios de comunicación Alexis Lévrier en *Marianne*: «Al grupo Bolloré le importan un bledo los hechos, lo que cuenta es la cruzada política. Con estas elecciones legislativas hemos pasado de un periodismo de opinión a un periodismo de propaganda». (Émilien Hertement, «*Fake News* et temps de parole: l'empire Bolloré a fait feu de tout bois pour les législatives», *Marianne*, 11 de julio de 2024). Una dinámica bien descrita por el periodista Thomas Legrand para *Libération*: «Todo se hace, en cambio, para decretar que la realidad descrita por los otros medios de comunicación, los que se toman la molestia de acudir a los sitios, es fabricada por el «biempensar» y lo políticamente correcto. El ejército de cronistas vulgares e incultos de C8, de polemistas polarizadores y jactanciosos de CNews y de periodistas sentados del *JDD*, se esmera en dibujar lo que los estadounidenses llaman un "big picture" de la sociedad, de tal suerte que la única solución sea el advenimiento de un régimen autoritario o de la guerra civil… o de ambas cosas».

Véase «Le billet de Thomas Legrand: Quand la presse Bolloré souffle sur les braises de la guerre civile», *Libération*, 26 de noviembre de 2023.

125. Adel Miliani, «Nouvelle amende contre Cyril Hanouna: retrouvez toutes les sanctions de l'Arcom contre C8 et Cnews», *Le Monde*, 25 de julio de 2024.

126. Consejo Superior de lo Audiovisual, fusionado en 2022 con Hadopi para formar la Arcom.

127. <https://www.arcom.fr/se-documenter/espace-juridique/decisions>.

128. Brice Laemle, «Comment CNews est parvenue à dépasser BFMTV», *Le Monde*, 3 de junio de 2024.

129. Ha llegado a ocupar esa posición especialmente gracias al mayor tiempo de escucha de su público, de más edad que el de BFMTV. «CNews est devenue la première chaîne info de France pour la deuxième mois d'affilée», *Le Parisien* con AFP, 1 de julio de 2024.

130. Lina Rhrissi, «Ma grand-mère vote Rassemblement national depuis qu'elle regarde CNews», *StreetPress*, 26 de junio de 2024.

131. Southern Illinois University, «SIU Media, Political Experts: Murdoch's Empire Remains Strong as He Steps Aside», 21 de septiembre de 2023.

132. Peter Baker, «Tucker Carlson Suggests Abortion Caused Hurricanes, Demons and Nuclear Weapons», *The New York Times*, 4 de noviembre de 2024.

133. «El Toro TV es la televisión de Vox y una herramienta de propaganda de Abascal», *El Español*, 3 de mayo de 2020.

134. Reuters Institute for the Study of Journalism, «Fox News settles its case for $787M. A similar outlet in Brazil is in legal trouble», *Reuters Institute*, 18 de abril de 2023.

135. Julian Kreienkamp, «Exposure to Far-Right Media Increa-

ses the Perceived Prevalence and Legitimacy of Far-Right Views: Evidence from Two Experiments», *Group Processes & Intergroup Relations*, 4 de marzo de 2025.

136. Aude Dassonville, «Comment les thèmes favoris du RN ont peu à peu colonisé les médias traditionnels», *Le Monde*, 26 de junio de 2024.

137. Emmanuel Casajus, *Style et violence dans l'extrême droite radicale*, París, Cerf, 2023.

138. Céline Delbecque, «Hausse du vote RN: "Le résultat d'une libération des discours racistes et identitaires», *L'Express*, 1 de julio de 2024.

139. Véronique Groussard, «À l'heure de la retraite, Vincent Bolloré veut racheter le péché», *Nouvel Obs*, 16 de febrero de 2022.

140. Según el título del ensayo de Giuliano Da Empoli publicado en 2019 por JC Lattès.

141. Observatorio de las Multinacionales, «Le réseau libertarien et ultraconservateur américain qui veut imposer ses idées en France», 22 de mayo de 2024.

142. Lumi, «Le réseau Atlas: une bataille des idées menée par l'extrême-droite dans les médias français», *Blast*, 4 de junio de 2024.

143. Lumi, «Le réseau Atlas: une bataille des idées menée par l'extrême-droite dans les médias français», *Blast*, 4 de junio de 2024.

144. El libertarismo es una filosofía política que propugna la maximización de las libertades individuales y la minimización de la intervención del Estado en la vida personal y económica. Los libertarios sostienen el derecho a la propiedad privada, los mercados libres y la autonomía individual, al tiempo que se oponen a las regulaciones y a los impuestos que consideran excesivos. Valoran ante todo la

libertad personal y consideran toda coerción estatal como una amenaza para esta libertad.

145. Acrónimo francés de Patriotas/Arraigados/Resistentes/Identitarios/Cristianos/Liberales/Europeos/Soberanistas.

146. Thomas Lemahieu, «EXCLUSIF: Périclès, le projet secret de Pierre-Édouard Stérin pour installer le RN au pouvoir», *L'Humanité*, 18 de julio de 2024.

147. *Politics and the English Language*, 1946. El autor desarrolla en *1984*, publicado tres años después, el impacto que la modificación del lenguaje puede ejercer sobre el pensamiento, haciendo de la neolengua un instrumento de destrucción de toda idea de rebelión o crítica del régimen vigente.

148. Romain Brunet, «En France, une menace terroriste d'extrême droite en nette progression», *France 24*, 5 de abril de 2023.

149. «Macron parle d'un risque de "guerre civile", Bardella et Mélenchon s'indignent», *Le Monde*, vídeo publicado en línea el 25 de junio de 2024.

150. Marc-Olivier Breher, «En parlant de "décivilisation", Emmanuel Macron utilise un concept malléable à souhait», *Le Monde*, 31 de mayo 2023.

151. El asalvajamiento es un término simbólico. Fue popularizado por el autor de éxito de extrema derecha Laurent Obertone en su libro de 2023 *La France Orange Mécanique*. En él ofrece una descripción de un país al borde de la guerra civil y étnica. Un término adoptado a voluntad por *Valeurs actuelles*, *Causeur* y otras personalidades de los partidos de extrema derecha para describir la presunta explosión de la incivilidad y la violencia.

152. Emmanuelle Skyvington, Marie-Hélène Soenen, Cécile Mury, Guillemette Odicino, «"Bien-pensance", "islamo-

gauchisme"... Comment l'extrême droite a conquis les mots (1/5)», *Télérama*, 10 de enero de 2022.

153. Simon Cardona, «"Guerre civile", "décivilisation", "immigrationniste", "droits-de-l'hommiste": ces quatre fois où Emmanuel Macron a repris le discours de l'extrême droite», *France TV Info*, 26 de junio de 2024.

154. Renaud Camus, *Le Grand Remplacement*, Neuilly-sur-Seine, publicado por el autor, 2011.

155. La teoría del «gran reemplazo» es conspiratoria, ya que supone «un proyecto político [...] organizado deliberadamente por nuestras élites», utiliza «cifras fantasiosas» y persiste a pesar de los datos del Insee [Instituto Nacional de Estadística y de Estudios Económicos] que muestran una población francesa «relativamente estable». Infunde temor al comparar la inmigración con las «invasiones bárbaras». Véase al respecto Valérie Igounet y Rudy Reichstadt, «Le grand remplacement est-il un concept complotiste?», Fundación Jean-Jaurès, 24 de septiembre de 2018.

156. El término *groomer* proviene originalmente del léxico judicial, donde designa el acto de manipulación psicológica que un adulto ejerce sobre un niño para ganar su confianza con miras a un abuso sexual. Desde el año 2020, la extrema derecha estadounidense lo ha distorsionado para acusar falsamente a militantes LGBTQIA+ o a docentes de «adoctrinar» a los niños. Este deslizamiento semántico intenta criminalizar la educación en la diversidad y los derechos *queer*. La palabra se ha convertido en una herramienta retórica de estigmatización, sin fundamento fáctico.

157. El término *deep state* designa en su origen una red clandestina de actores militares, políticos y policiales que operan fuera del control democrático, principalmente en Turquía en la década de 1990. En Estados Unidos, ha sido recupe-

rado por la extrema derecha para designar, sin pruebas, un complot burocrático opuesto a Trump. Los investigadores subrayan que se trata de un mito conspiracionista carente de fundamento en las democracias occidentales.

158. Candice Ortiz, «Joe Rogan Goes After People Trying to Eliminate the Term "Groomer": "How Many People are Doing it Under the Guise of I'm An LGBTQ Educator!"», mediaite.com, 12 de mayo de 2022.

159. «Présidentielle 2017: Emmanuel Macron se pose en rempart contre le FN», *France TV Info*, 15 de enero de 2017.

160. «Législatives 2024: Emmanuel Macron renvoie dos à dos le Rassemblement national et le Nouveau Front populaire et appelle à voter contre», *Le Monde* en directo, 21 de junio de 2024.

161. «L'antisémitisme reste "plus marqué à droite qu'à gauche", pointe le rapport annuel de la CNCDH», *France TV Info*, 27 de junio de 2024.

162. Cita apócrifa de un proverbio popular, formulado con anterioridad por Jonathan Swift: «La mentira vuela y la verdad viene cojeando tras ella» (*L'Art du mensonge politique*, 1710 [trad. cast.: *El arte de la mentira política*, Sequitur, 2019]).

163. «Wrong Claims by Musk on U.S. Election Got 2 Billion Views on X, 2024 Report Says», *Reuters*, 4 de noviembre de 2024.

164. Vicky Needham, «New Users on X See Mostly Political Content, Much of It Boosts Trump», *Wall Street Journal*, 29 de octubre de 2024.

165. Fuente: Ipsos, «Retour sur la campagne vue des réseaux sociaux», 12 de junio de 2024.

166. En TikTok, Jordan Bardella y Gabriel Attal son objeto de una «tendencia»: los internautas publican ediciones de ví-

deos de sus debates en los que parecen sentir una atracción romántica, y han creado un escenario en el que estarían enamorados en lugar de ser rivales. Estos vídeos convertidos en virales entre los jóvenes en período de elecciones han hecho reaccionar a Jordan Bardella, que bromea al respecto en TikTok, lo cual contribuye a volverlo muy simpático.

167. Patrick Boucheron, «Histoire des pouvoirs en Europe occidentale, XIIIe-XVIe siècle», ciclo de conferencias en el Colegio de Francia, de 2015 hasta hoy.

168. Sirvan de ejemplo el Raptor (700.000 suscriptores), Valek Noraj (398.000 suscriptores), Papacito, cuyo canal de YouTube fue cerrado finalmente en 2023 por insultos y amenazas reiterados, Bruno Le Salé (282.000 suscriptores), Georges (170.000 suscriptores), Julien Rochedy (166.000 suscriptores), Psyhodelik (236.000 suscriptores), etc.

169. Samuel Laurent, «La "virilosphère", ces youtubeurs nationalistes unis par une hostilité à la modernité», *Le Monde*, 24 de junio de 2021.

170. Hacen vídeos juntos con regularidad y se encuentran, por ejemplo, en 2021 en el canal de Baptiste Marchais (276.000 suscriptores), Bench&Cigars, con el fin de ensañarse ante 1,2 millones de visualizadores contra un periodista, Maurice Midena, que se había atrevido a investigar sobre ellos. En el menú, insultos sobre su físico y llamamiento al acoso mientras beben ron y fuman puros, todo ello en un ambiente relajado. Cuatro amigos que hacen chistes de manera informal, como si comentasen un programa de telerrealidad.

171. Podemos mencionar, de manera aleatoria, a Thaïs d'Escufon (384.000 suscriptores), Erga (150.000 suscrip-

tores), Alice Cordier (110.000 suscriptores) o incluso Thonia (50.000 suscriptores).

172. Anne Chirol, «La "trad wife", ou la nouvelle femme au foyer», *Le Monde*, 16 de enero de 2024.

173. Nic Newman, «What do we know about the rise of alternative voices and new influencers in social and video networks?», Reuters Institute, 17 de junio de 2024.

174. Por ejemplo, *Fdesouche, Altermedia, Boulevard Voltaire, L'Observatoire des journalistes et de l'information médiatique (Ojim)* o, incluso, *TV Libertés* y su canal de YouTube.

175. Céline Delbecque, «Hausse du vote RN: "Le résultat d'une libération des discours racistes et identitaires», *L'Express*, 1 de julio de 2024.

176. Soroush Vosoughi *et al.*, «The spread of true and false news online», *Science*, vol. 359, nº 6380, 2018, págs. 1146-1151.

177. Nelson Getten y Juliette Desmonceaux, «Twitter: les insultes racistes et antisémites en forte hausse depuis le rachat d'Elon Musk», *BFMTV*, 4 de diciembre de 2022.

178. Morgane Tual, «Comment l'extrême droite a utilisé l'intelligence artificielle pour faire la campagne des législatives», *Le Monde*, 4 de julio de 2024.

179. Manoel Horta Ribeiro *et al.*, «Auditing Radicalization Pathways on YouTube», *Proceedings of the 2020 Conference on Fairness, Accountability, and Transparency* (FAT* '20), enero de 2020.

180. Matteo Cinelli *et al.*, «The echo chamber effect on social media», Proceedings of the National Academy of Sciences, 2021.

181. «Enquête sur le complotisme – Vague 2», Ifop para la Fundación Jean-Jaurès y Conspiracy Watch, enero de 2019.

182. Stéphane Hessel, *Indignez-vous!*, París, Indigènes, 2010

(trad. cast.: *¡Indignaos!: Un alegato contra la indiferencia y a favor de la insurrección pacífica*, Barcelona, Destino, 2011, pág. 31).

183. «"Une indignation à géométrie variable": boycotter la Coupe du monde au Qatar, une fausse bonne idée?», *BFMTV*, 3 de octubre de 2022.

184. Thomas Mahler, «Pourquoi s'indigner à tout-va est totalement contre-productif», *Le Point*, 28 de agosto de 2019.

185. Mickaël Fonton y Olivier Babeau, «Une jeunesse biberonnée aux grandes indignations», *Valeurs actuelles*, 8 de julio de 2022.

186. Eugénie Bastié, «L'indignation permanente transforme l'espace public en un vaste brouhaha», *Le Figaro*, 30 de agosto de 2019.

187. Felipe Albuquerque, «Homelessness In Europe Grew by Over 40 % in 2023», *Nordsip*, 3 de octubre de 2024.

188. «Union européenne: près de 900 000 personnes sans domicile fixe, selon des associations», *La Croix*, 5 de septiembre de 2023.

189. «Rapport sur les inégalités mondiales 2022», coordinado por Lucas Chancel, Thomas Piketty, Emmanuel Saez y Gabriel Zucman, *World Inequality Lab*, 2022.

190. El GIEC (Grupo Intergubernamental de Expertos sobre el Cambio Climático) es un organismo internacional creado en 1988 por la ONU. Su misión consiste en evaluar y sintetizar las informaciones científicas sobre el cambio climático, sus impactos y las estrategias de adaptación y de atenuación.

191. Émile-Auguste Chartier, alias Alain, *Propos de politique*, 1934.

192. Albert Einstein, *Comment je vois le monde*, 1934 (trad. cast.: *El mundo como yo lo veo*, Barcelona, Brontes, 2012).

193. Versión estabilizada por la fundación Martin Niemöller de la cita en forma de poesía.

194. Karl Popper, *La Société ouverte et ses enemis*, tomo 1: *L'Ascendant de Platon*, París, Seuil, 1979 (trad. cast.: *La sociedad abierta y sus enemigos*, Primera Parte: «El influjo de Platón», Barcelona, Paidós, pág. 585, nota 4 al cap. 7 «El principio de la conducción»).

195. Eugène Pelletan, ponente en el Senado de la ley del 29 de julio de 1881 sobre la libertad de prensa.

196. Fabienne Sintès, «Journée spéciale #AveclesAfghanes: comment continuer à lutter pour le droit des femmes afghanes?», France Inter, 5 de octubre de 2021.

197. Nicolas Demorand, «Les 80": Hommage aux femmes iraniennes», France Inter, 25 de mayo de 2023.

198. Firmada el 24 de noviembre de 1971 en Múnich, esta carta define diez deberes y cinco derechos, entre los que figuran la obligación de respetar la verdad, defender la libertad de información, la protección de las fuentes, etc.

199. ¡Por aquel entonces, *Le Nouvel Observateur*, *Paris Match*, *Télérama*, *Les Inrockuptibles*, *Libération*, *L'Humanité*, pero también la prensa regional como *La Voix du Nord*, *Ouest-France*, *Sud Ouest* e incluso *Le Figaro* llaman a votar contra la extrema derecha! También se movilizan *Le Monde*, *L'Express*, *Le Point* y *Marianne*, que hablan de «conmoción», de «seísmo», y alertan masivamente y sin equívoco sobre el peligro para la República.

200. TF1 bombardea en sus informativos con reportajes sobre el peligro que representaría el FN, al igual que France 2, France Inter, Canal+, RTL o incluso Europa 1. Véase «Mobilisation médiatique entre deux tours», *Acrimed*, 27 de agosto de 2022.

201. En esos momentos, la mayoría de los grandes nombres del

deporte (Zinédine Zidane), de la canción (Johnny Ha-
llyday, Jean-Jacques Goldman), del cine y del humor (Jamel
Debbouze, Alain Chabat) y más ampliamente del mundo
de la cultura se moviliza sin vacilar para llamar a levantar
un muro de contención. Todas las clases sociales se sienten
interpeladas. El 1 de mayo de 2002, 1,5 millones de personas se manifiestan por toda Francia en señal de protesta.
En las imponentes comitivas se mezclan las generaciones,
al igual que los medios sociales y las ideologías políticas.

202. Pierre Benazet, «En Belgique, le cordon sanitaire en action
face à l'extrême droite», RFI, 5 de julio de 2024.

203. Las investigaciones de varios medios, principalmente
StreetPress y *Libération* por mencionar dos de ellos, sobre
los tuits de los candidatos de la RN desempeñaron un papel considerable en el dique de contención, o no, reservado a la extrema derecha.

204. Al acercarse las elecciones europeas, el primer ministro
Gabriel Attal debatió con Jordan Bardella, cabeza de lista
de la Agrupación Nacional, el 23 de mayo de 2024 en
France 2, a pesar de que Gabriel Attal no era siquiera candidato para esos comicios. Se trataba de un mecanismo
escogido por la cadena.

205. En referencia a Michel Foucault quien, en su libro de
1975 *Vigilar y castigar*, escribió: «El poder produce saber
[…], poder y saber se implican directamente el uno al
otro».

206. Simon Blin, «Entretien avec Edgar Morin: "L'heure d'une
nouvelle résistence est venue"», *Libération*, 4 de julio de
2024.

207. Arcom, «Les Français et l'information», Dirección de los Estudios, de la Economía y de la Prospectiva, marzo de 2024.

208. Para saber reconocer un medio fiable observemos, entre

otras cosas, si cita sus fuentes, distingue hechos y opiniones, da muestras de transparencia respecto de sus métodos de trabajo y su financiación, al tiempo que admite y corrige sus errores (porque, en efecto, a veces resulta que cometemos errores).

209. Albert Camus, *Œuvres complètes*, La Pléiade, IV, «Carnets du 7 novembre 1958», pág. 1292 (trad. cast.: *Vivir la lucidez: Todos los carnets [1935-1959]*, Barcelona, Debate, 2021).

210. No existe consenso entre los investigadores respecto de las causas del voto a la RN. Para profundizar en el tema, remito a la bibliografía al final del libro o a este artículo que resume muy bien los debates sobre las causas del voto de extrema derecha: Vincent Grimault, «Racisme ou sentiment d'abandon: ce qui détermine le vote RN», *Alternatives économiques*, 28 de agosto de 2024.

211. «Pourquoi présenter tous les électeurs du Rassemblement national comme des "racistes" peut être contre-productif», *The Conversation*, 4 de julio de 2024.

212. France Culture, «Syndicats: quel rôle face à l'extrême droite», 15 de junio de 2024.

213. Aun cuando no sea un modelo sostenible a largo plazo.

214. Maya Angelou, *I Know Why the Caged Bird Sings*, Ballantine Books, 1969, reed. el 21 de abril de 2009 (trad. cast.: *Yo sé por qué canta el pájaro enjaulado*, Barcelona, Libros del Asteroide, 2016).

215. Nicolas Arens, «La démocratie tocquevillienne. Un parcours dialectique», *Revue interdisciplinaire d'études juridiques*, 2015/1, vol. 74, págs. 181-202.

216. Bérangère Lepetit, «"Les gens se sentent responsables": des Français déprimés depuis la dissolution», *Le Parisien*, 17 de junio de 2024.

217. París, Binge, 2023.

218. *Les Mains sales*, 1948 (trad. cast.: *Las manos sucias*, Madrid, Alianza, 1989).

219. Bell Hooks, *À propos d'amour: nouvelles visions*, París, Divergences, 2022 (trad. cast.: *Todo sobre el amor*, Barcelona, Paidós, 2021).

220. *Les Misérables*, 1862 (trad. cast.: *Los miserables*, Madrid, Alianza, 2015).

Su opinión es importante.
En futuras ediciones, estaremos encantados
de recoger sus comentarios sobre este libro.

Por favor, háganoslos llegar a través de nuestra web:

www.plataformaeditorial.com

Para adquirir nuestros títulos,
consulte con su librero habitual.

«*I cannot live without books*».
«No puedo vivir sin libros».
THOMAS JEFFERSON

Desde 2013, Plataforma Editorial planta un árbol
por cada título publicado.